Gustav Keller
Die Schülerschelte

Reihe Pädagogik

Band 52

Gustav Keller

Die Schülerschelte

Leidensgeschichte einer Generation

Centaurus Verlag & Media UG

Zum Autor:
Gustav Keller, geb. 1950, Studium der Psychologie mit Abschluss Diplom-Psychologe, Promotion zum Dr. phil. Von 1974-2012: Tätigkeit als Schulpsychologe, Psychologischer Schulberater, Supervisor, Lehrerfortbildner. Er ist Autor zahlreicher pädagogisch-psychologischer Fach- und Sachbücher.

Bibliografische Informationen der Deutschen Nationalbibliothek
Die Deutsche Nationalbibliothek verzeichnet diese Publikation in der Deutschen Nationalbibliografie; detaillierte bibliografische Daten sind im Internet über http://dnb.d-nb.de abrufbar.

ISBN 978-3-86226-252-6   ISBN 978-3-86226-984-6 (eBook)
DOI 10.1007/978-3-86226-984-6

ISSN 0930-9462

Gedruckt auf säurefreiem und chlorfrei gebleichtem Papier.

Alle Rechte, insbesondere das Recht der Vervielfältigung und Verbreitung sowie der Übersetzung, vorbehalten. Kein Teil des Werkes darf in irgendeiner Form (durch Fotokopie, Mikrofilm oder ein anderes Verfahren) ohne schriftliche Genehmigung des Verlages reproduziert oder unter Verwendung elektronischer Systeme verarbeitet, vervielfältigt oder verbreitet werden.

© CENTAURUS Verlag & Media UG (haftungsbeschränkt), Herbolzheim 2014
www.centaurus-verlag.de

Umschlagabbildung: Wilhelm Busch: Lehrer Lämpel (aus Max und Moritz)
http://upload.wikimedia.org/wikipedia/commons/e/e9/L%C3%A4mpel.jpg
Umschlaggestaltung: Jasmin Morgenthaler, Visuelle Kommunikation
Satz: Vorlage des Autors

Inhaltsverzeichnis

Einleitung   7

1. Die schwierige Rolle des Schülers   9

2. Schülerbilder gestern und heute   13
2.1   Sumer   13
2.2   Babylon   17
2.3   Altes Ägypten   20
2.4   Altes China, Indien, Japan   23
2.5   Altes Griechenland   26
2.6   Altes Rom   31
2.7   Mittelalter   35
2.8   Frühe Neuzeit   39
2.9   19. Jahrhundert   45
2.10   20./21. Jahrhundert   49

3. Fünftausendjährige Problembilanz   63

4. Schulzeit – schwierige Entwicklungszeit   69

5. Plädoyer für ein gerechtes Schülerbild   75

6. Schlussbetrachtung   83

7. Literaturverzeichnis   87

8. Abbildungsverzeichnis   97

Einleitung

Jede Gesellschaft schafft sich Institutionen, mit denen sie ihren eigenen Fortbestand sichert. Zu diesen Institutionen gehört jeweils die Schule oder besser das Lehrsystem, denn nicht immer ist es ja auch zu regelrechten Schulen gekommen. Auch bei den Naturvölkern werden die Kinder selbstverständlich unterrichtet.

Hanns Ferdinand Döbler

Vor 5000 Jahren ist die Schule als hochkulturelle Institution gegründet worden. Dieser historische „Schulbeginn" fand in Sumer statt. Dort hatte man ein Schriftsystem entwickelt, das zunächst informell in den Familien vermittelt worden ist, bis man darauf kam, dass es rationellere und systematischere Formen der Kulturtechnikvermittlung gibt. Man engagierte schreibkundige Erwachsene, die an einem speziellen Ort innerhalb eines bestimmten Tagesabschnitts Kindern Lesen, Schreiben und Rechnen beibrachten. Diese neue Form des Lernens entlastete die sumerischen Oberschichtfamilien von einer mühseligen und zeitaufwendigen Erziehungsaufgabe und schuf zudem eine neue Profession beziehungsweise Arbeitsplätze für schriftkundige Erwachsene.

Nicht nur in Sumer, sondern auch in anderen Hochkulturen vollzog sich eine ähnliche Institutionalisierung des Lernens. Die Schule als Ort systematischer Wissensvermittlung wurde zu einer unverzichtbaren Einrichtung des Kulturerhalts und der kulturellen Weiterentwicklung. Mit Hilfe der Schule wurden jene Personen qualifiziert, die Berufe wie die des Verwaltungsbeamten, Kaufmanns, Priesters, Baumeisters oder Arztes ausübten. Je weiter sich die Kultur entwickelte, desto länger wurde die Schulzeit, desto umfangreicher der Schulstoff und desto bedeutsamer das Bildungswesen.

Seit dem historischen Schulbeginn in Sumer ist die Schule in den entwickelten Gesellschaften zu einer Pflichtinstitution geworden, die alle Kinder und Jugendliche durchlaufen müssen. Sie verbringen dort durchschnittlich 18 000 Stunden, bis sie ihr Abschlusszeugnis erhalten. Wie erfolgreich diese zentrale Entwicklungsaufgabe gemeistert wird, beeinflusst in starkem Maße die weiteren Berufs- und Lebenschancen, obwohl die Beziehung zwischen Schul- und Berufserfolg nicht ganz linear ist. Aufgrund der Lebensbedeutsamkeit der Schule werden Schülerinnen und Schüler auf ihrem „Schulweg" genau beobachtet. Dies war schon in Sumer so und ist es auch heute noch. Die vielen Einzelbeobachtungen, die von den Erwachsenen dabei gesammelt werden, ergeben das, was man Schülerbild nennt. Es ist ein Gesamteindruck von der Leistungsfähigkeit, der Lernmotivation und des Sozialverhaltens der Heranwachsenden.

Mir als Schulpsychologen fällt seit 40 Jahren auf, dass dieses Schülerbild deutlich negativ gefärbt ist. Sowohl in Medienberichten als auch in Alltagsgesprächen wird immer wieder festgestellt, dass die augenblickliche Schülergeneration im Vergleich zu vergangenen dümmer, fauler und frecher geworden ist. Manche Diagnosen sind so schlimm, dass der Generation nicht mehr zugetraut wird, den momentanen Kulturstand zu erhalten, geschweige denn ihn weiterzuentwickeln. Zu selten wird die Frage gestellt, ob dieses Schülerbild tatsächlich stimmt. Eine Antwort darauf möchte mein Buch geben. Nach einer Vorbemerkung zur Schwierigkeit der Schülerrolle unternehme ich mit Ihnen, liebe Leserin, lieber Leser, eine Reise durch die Epochen der Schulgeschichte. Sie beginnt in der Antike und endet in der Gegenwart. Epoche für Epoche erfahren Sie, welche Schülerbilder die Erwachsenen jeweils gezeichnet haben. Aufbauend auf diesem Bildmaterial ziehe ich eine Problem-Bilanz. Anschließend zeige ich aus entwicklungspsychologischer Perspektive auf, wie kompliziert die Entwicklungsaufgabe des schulischen Lernens heutzutage geworden ist. Daraus folgt ein Plädoyer für ein differenziertes und gerechtes Schülerbild. Das Buch schließt mit der Moral aus der 5000jährigen Schülergeschichte.

1. Die schwierige Rolle des Schülers

Die Schülerrolle bindet die Jugendlichen an die Schule, versucht ihr Leben in der Schule nach der schulischen Logik zu strukturieren.

Lothar Böhnisch

Nach den ersten Kindheitsjahren wird dem heranwachsenden Menschen ein neuer gesellschaftlicher Status zugewiesen. Diese Statuspassage geschieht nicht freiwillig, sondern das Kind wird zum Tragen einer neuen Rolle gezwungen. Ob es will oder nicht, es muss vom Tag der Einschulung an kontinuierlich die Schule besuchen, Lernleistungen erbringen, an schulischen Veranstaltungen teilnehmen und die Schulordnung einhalten.

Die allgemeine Schulpflicht beginnt normalerweise im Jahr der Vollendung des sechsten Lebensjahres und dauert zumeist neun Vollzeitschuljahre. Nach Erfüllung der allgemeinen Schulpflicht unterliegen diejenigen Jugendlichen, die im Sekundarstufe II keine allgemeinbildende oder berufliche Schule in Vollzeitform besuchen, der Teilzeitschulpflicht (Berufsschulpflicht). Diese umfasst in der Regel drei Teilzeitschuljahre, wobei sie sich nach der Dauer des Ausbildungsverhältnisses in einem anerkannten Ausbildungsberuf richtet. Je mehr das unterrichtliche und häusliche Lernpensum im Verlauf der Schullaufbahn ansteigt, desto mehr ähnelt es der Arbeitszeit berufstätiger Erwachsener.

Das Schülersein ist mit konkreten Erwartungen verknüpft, die sich *aus gesellschaftlichen Funktionserwartungen an die Schule und aus den Funktionsprinzipien der Schule* ergeben.[1] Die Eltern, die Lehrer und der Staat erwarten, dass der Schüler seine Lernpflichten erfüllt, auf einen erfolgreichen Schulabschluss hinarbeitet und die Normen und Regeln des zwischenmenschlichen Umgangs verinnerlicht. Im Ensemble dieser Erwartungsträger ist der elterliche Druck besonders stark, weil sie für ihr Kind einen möglichst hohen Bildungsabschluss anstreben. Die Erwartungen der Erwachsenen sind nicht nur auf die Einzelperson des Schülers ausgerichtet, sondern auch auf die gesamte aktuelle Schülergeneration. Von

---

[1] Böhnisch 1996, 75.

ihr erhofft man sich beispielsweise, dass sie in internationalen Schulleistungsstudien wie PISA gut abschneidet. Ebenso wünscht man sich von ihr ein positives Erscheinungsbild des Sozialverhaltens. Aus der Summe der Erwartungen ergibt sich das, was man als wünschenswerte Schülerrolle bezeichnet.

Die Erwartungen an den Rollenträger Schüler sind im Verlauf der Schulgeschichte in dem Maße gestiegen, mit dem die Gesellschaft sich ökonomisch, kulturell und technisch weiterentwickelt hat. Momentan leben wir in einer Informationsgesellschaft, die durch ein sehr hohes Entwicklungsniveau gekennzeichnet ist. Wer an dieser teilhaben möchte, muss einen intensiven schulischen Lernprozess absolvieren. Dieser ist die unabdingbare Voraussetzung für den Kompetenzerwerb in der beruflichen und hochschulischen Bildung.

Der schulische Lernweg ist ohne Zweifel schwieriger und mühsamer geworden. Davon zeugen hohe Leistungsstandards, kompliziertere Lerninhalte, größere Lernmengen sowie häufigere Leistungsmessungen und Prüfungen. Somit lastet auf vielen Schülerinnen und Schülern ein starker Entwicklungsdruck. Den meisten von ihnen ist bewusst, was passiert, wenn sie die Leistungserwartungen nicht erfüllen. Die Folgen sind schlechte Noten, Klassenwiederholung, Abstieg in eine niedrigere Schulform oder im schlimmsten Fall Verlassen der Schule ohne Abschluss. Wem letzteres Ereignis widerfährt, dem wird eine neue Rolle zugeschrieben. Es ist diejenige des um seine Erwerbsfähigkeit bangenden Schulabbrechers, dessen Lebens- und Berufschancen stark eingeschränkt sind.

Im Schulalter heranzuwachsen, ist alles andere als kinderleicht. Es ist eine riskante Entwicklungsphase, die lebensbedeutsamer als je zuvor ist. Und es ist eine komplexe Entwicklungsaufgabe, deren Bewältigung den Schülerinnen und Schülern viel Motivation und Können abverlangt.

Zum Nachdenken

Für die Schüler gilt, dass deren persönlicher Aufwand für das Erbringen von Leistungen eben so wenig in Rechnung gestellt wird wie das Stresserlebnis, die Härten einer Anstrengung ... Schüler werden wie zu Beginn des 19. Jahrhunderts als „guter Schüler" erwartet, für die es ein Fest ist, zur Schule gehen zu können. Das Schülerdasein ist nie wirklich als „Beruf" (Carl Muth) entwickelt und rationalisiert worden. Die Lehrkräfte üben Berufe aus, die Schüler nicht, obwohl deren Arbeitszeit oft nicht geringer ist als die der Lehrkräfte, die Belastungen zunehmen und von einer Berufsförmigkeit der Abläufe sehr wohl die Rede sein kann … Es gibt kaum Hinweise auf eine sinnvoll veränderte Schülerrolle, die sich auf die erwartbaren Entwicklungen von Schulorganisation und Unterricht beziehen würde. Die Rolle (des Schülers) selbst ist diffus und schwankt zwischen starkem Gelenktwerden und übertriebener Eigenverantwortung.

Jürgen Oelkers

2. Schülerbilder gestern und heute

"Objektivität" scheint also gerade in der Beurteilung der Jugend schwer, wenn nicht unmöglich. Von dieser Tatsache kann eine Geschichte der Jugend bei der Frage nach der Eigenart früherer Jugendgenerationen nicht absehen. Sie muß darüber hinaus bedenken, dass immer dann, wenn von der Jugend die Rede ist, sich diejenigen besonders zu Wort melden, die von ihr etwas Besonderes erwarten, oder die Grund zu haben glauben, sich über sie zu beklagen.

Walter Hornstein

Um die Geschichte der Schülerbilder zu erfassen, mussten viele kultur- und schulgeschichtliche Quellen gesammelt und ausgewertet werden. Das daraus gewonnene Erkenntnismaterial wird nach Kulturepochen präsentiert, beginnend in Sumer und in der Jetztzeit endend. Bevor das Schülerbild des jeweiligen Zeitabschnitts aufgezeigt und erläutert wird, erfolgt eine Beschreibung des Kulturstandes und des Schulwesens.

2.1 Sumer

Es möge dir nützlich sein, zur Schule zu gehen.

Ein sumerischer Vater zu seinem Sohn

Das Land der Sumerer lag im heutigen Irak, in der Region zwischen Bagdad und dem Persischen Golf. Um 3000 v. Chr. erreichte es einen Entwicklungsstand, der uns erlaubt, von der ältesten Hochkultur der Menschheitsgeschichte zu sprechen. Wesentliche Errungenschaften der sumerischen Zivilisation waren ein raffiniertes Bewässerungssystem, eine ertragreiche Landwirtschaft und eine hervorragende Baukunst. Hinzu kam das, was eine Hochkultur besonders charakterisiert, nämlich die Schrift. Sie ging von rechts nach links und wurde mit der keilförmigen Spitze eines Griffels in Lehmtafeln geritzt. Die beschriebenen Tafeln wurden anschließend an der Sonne getrocknet oder im Feuer gebrannt. Die nach dem Schreibwerkzeug benannte Keilschrift war eine Silbenschrift, die sich aus einer Bilderschrift entwickelt hatte. Darüber hinaus entwickelten die Sumerer ein Zahlsystem, und zwar ein gemischtes Zehner- und Sechsersystem (Sexagezimalsystem). Darauf ist die heute noch gültige Teilung von Stunden und Winkeln zurückzuführen.

Genauso wie das Töpfern, Weben oder Dreschen wurden Lesen, Schreiben und Rechnen zu Kulturtechniken. Wer in den sumerischen Städten wohnte und Handel trieb, konnte auf den Gebrauch von Schriftzeichen und Zahlen kaum mehr verzichten. Und damit entstand auch die Notwendigkeit, diese neuen Kulturtechniken den sumerischen Kindern weiterzugeben. Vermutlich fand diese „Urschule" zunächst in den Privathäusern der sumerischen Oberschichtfamilien statt. Wer die Schrift erlernt hatte, war stolz auf seine kulturelle Kompetenz.

Nach dieser ersten Phase des selbst organisierten Unterrichtens verlagerte sich die Kulturtechnikvermittlung in die Tempelbezirke, und zwar in Räume, die Tafelhäuser genannt wurden. Dort unterrichteten sumerische Priester Lesen, Schreiben, Rechnen, Vaterlandsliebe und Religion. Besonders begabte Schüler wurden in einer Aufbauschule zu Schriftgelehrten ausgebildet.

Da sowohl die Schüler als auch die Lehrer die oben genannten Lehmtafeln benutzten, überlebten diese Manuskripte die Jahrtausende und konnten in unserer Zeit von Archäologen wieder zutage gefördert und entschlüsselt werden. Somit können wir Einblick nehmen in den sumerischen Schulbetrieb und die damaligen Schulprobleme. Aus den Tafeln ist zu ersehen, welchen Lernstoff die Schüler sich aneignen mussten und wie die Lehrer ihre Unterrichtsarbeit dokumentierten.

Auf einer Schülertafel steht beispielsweise folgender Lehrerkommentar: *Deine Hand ist unbefriedigend.*[2] Offensichtlich war es schwierig, den Normen der Schönschrift zu entsprechen.

Wie ein Schüler den sumerischen Schulalltag erlebte, ist nachstehendem Auszug aus einem Tontafel-Tagebuch zu entnehmen:

---

[2] Alt 1960, Band 1, 33

Sohn des Tafelhauses, wohin bist du seit deinen frühesten Tagen gegangen?" – "Ich ging ins Tafelhaus." – "Was hast du im Tafelhaus gemacht?" – "Ich las meine Tafel, aß mein Frühstück, machte eine neue Tafel, beschrieb sie und machte sie fertig. Dann bestimmten sie meine mündliche Arbeit, und am Nachmittag bestimmten sie meine schriftliche Arbeit. Als das Tafelhaus geschlossen wurde, ging ich nach Hause und sah dort meinen Vater sitzen. Ich erzählte meinem Vater von meiner schriftlichen Arbeit, dann habe ich ihm meine Tafel vorgelesen; mein Vater war damit zufrieden ... gebt mir Wasser zu trinken ... gebt mir Brot zu essen ... ich will gleich schlafen. Am frühen Morgen weckt mich, ich will nicht zu spät kommen, sonst schlägt mich mein Meister".[3]

Ein besonderes Schulproblem war die mangelnde Unterrichtsdisziplin, die sich vor allem in Form von Aufmerksamkeitsstörungen äußerte. Hiervon zeugt ein häufiges Symptom: *Der Schüler ist allzu sehr mit (seinem) Brot (und) seiner Nahrung beschäftigt, auf die Schreibkunst kann er sich nicht konzentrieren.*[4]

Zieht man aus den vielen Schülerbildern der sumerischen Erwachsenen ein Fazit, überwiegen die negativen Urteile die positiven. Sowohl die Schulleistungen als auch das Sozialverhalten wurden als problematisch dargestellt.

Sanktion im sumerischen Tafelhaus

Am Morgen mußt' ich wieder früh heraus.
Ich schaute nach der Mutter, sprach zu ihr:
„Gib mir das Frühstück, denn ich muß zur Schule!"
Zwei Brote holte Mutter mir vom Ofen,
saß auch dabei, derweil ich durstig trank.
„Das Schulbrot noch!" Zur Schule lief ich schon.
Der, der die Aufsicht hatte, fuhr mich an im Schulhaus:
„Warum kommst du zu spät?"
Da ward mir angst, mein Herz fing an zu klopfen.

---

[3] Ebd., S. 31.
[4] Waetzold 1989, 38.

Ich ging zum Lehrer. „Marsch auf deinen Platz!"
Gleich sah mein Lehrer meine Tafel an,
geriet in Zorn, und dann bekam ich Prügel.[5]

Im sumerischen Tafelhaus

---

[5] Schmökel 1955, 63.

2.2 Babylon

Die Schreibkunst ist wonnig und ihrem Reiz kann man sich nicht entziehen.
Eine babylonische Spruchweisheit

Babylon, im Süden Mesopotamiens gelegen, entstand um 3000 v. Chr. und erreichte um 2000 v. Chr. den Stand einer Hochkultur, deren Grundlagen aus Sumer und Akkad stammten. Kernstück der babylonischen Zivilisation war eine Rechtsordnung, die zum ersten Mal in der Geschichte das Verhalten der Menschen und deren Lebensverhältnisse in kodifizierter Form regelte. Verfasst wurde sie vom König Hammurapi, weshalb sie auch Codex Hammurapi genannt wird. Aber nicht nur ein hoch entwickeltes Verwaltungs- und Rechtssystem besaß Babylon, sondern auch eine bedeutsame und kreative Wissenschaft. Seine Architekten schufen prachtvolle Tempel und Palastbauten. Seine Mathematiker konnten komplizierte Flächenberechnungen durchführen. Die Astronomen unterschieden bereits zwischen Planeten und Fixsternen. Es wurden Instrumente zur Zeitmessung entwickelt und Landkarten hergestellt. Schließlich verfügte man auch über profunde medizinische und pharmazeutische Kenntnisse.

Zur babylonischen Kultur zählten auch ein reges Musikleben und eine blühende Literatur. Letztere fand ihren faszinierendsten Ausdruck im Gilgamesch-Epos. Dieses handelt vom sagenhaften König Gilgamesch von Uruk, einer Heldenfigur zur Zeit der Sintflut.

Zur Vermittlung der Kenntnisse und Fertigkeiten entwickelte sich in Babylon nach sumerischem Vorbild ein Schulwesen. Genauso wie in Sumer befanden sich die Schulen in den Tempelbezirken. Auch die Bezeichnung „Tafelhäuser" war dieselbe. Und wie in Sumer schrieben die Babylonier auf Lehmtafeln, aus denen dann in der Sonne oder im Brennofen feste Manuskripte wurden, allerdings nicht von rechts nach links, sondern von links nach rechts. Bei der Schrift handelte es sich um eine Weiterentwicklung der sumerischen Silbenschrift.

Die Schulzeit dauerte von der mittleren Kindheit bis zur Reifezeit. Eine allgemeine Schulpflicht gab es nicht. Zur Schule gingen nur die Knaben höher statuierter Eltern. Genauso wie in Sumer nannten sie ihre Lehrer „Väter des Tafelhauses", „Schulväter" oder „ältere Brüder". Lernen mussten sie Lesen,

Schreiben, Rechnen, Zeichnen, Religion und Sumerisch, das Latein der vorderasiatischen Hochkulturen. Das Babylonische unterschied sich vom Sumerischen wie das Spanische vom Lateinischen.

Den Schulepen, der so genannten Tafelhausliteratur, ist zu entnehmen, dass die Väter des Tafelhauses mit ihren Schüler ihre liebe Not hatten, obwohl sie ein sehr strenges Schulregime führten mit Sanktionen wie Nachsitzen, Karzer und Prügelstrafe. Zum Erscheinungsbild der von ihnen beklagten Defizite gehörten schlechte Schrift, mangelhafte Lernbereitschaft, Aufmerksamkeitsstörungen, Zuspätkommen, sporadisches Schulschwänzen sowie aggressives Verhalten. Und sie waren auch unzufrieden mit dem Leistungsstand vieler junger Babylonier. Betrachtet man Prüfungs-Tontafeln, die heutzutage als Klassenarbeitshefte bezeichnet werden, steht unter vielen Lehrerfragen folgende Schülerantwort: *Ul idi.*[6] Übersetzt heißt dies „weiß ich nicht".

Ein altbabylonischer Disziplinkonflikt[7]

Schüler: „Ich bin entschlossen, etwas Eigenes zu schreiben, ich will mich selbst anleiten."

Der Lehrer tadelt daraufhin den eingebildeten Schüler:
„Wenn du dich selbst anleitest, dann bin ich nicht dein Lehrer. Wo bleibt denn in einen solchen Fall meine Autorität als Lehrer? In der Schreibkunst zerstört Dünkel das Verhältnis zu deinen Lehrer!
O du Intelligenzbolzen! Wertes Mitglied des Tafelhauses! ... Deine Hand mag geschickt sein; aber sie ist nicht sehr geschickt, wenn Du einen Griffel auf der Tontafel benutzt!"

Nun wird das Versagen des Schülers in einzelnen genannt:
„Er beschreibt eine Tontafel - er bringt das nicht richtig zustande.
Er schreibt einen Brief - er beschriftet ihn mit der falschen Adresse.
(Wenn) er ein Besitztum aufteilen soll, dann ist er nicht einmal imstande, das richtig zu tun."

---

[6] Eisele 1980, 208.
[7] Saggs 1966, 636f.

*Es folgen noch weitere Vorhaltungen und schließlich fragt der
Lehrer:„O Mann, ohne Lob unter den Schreibern, was kannst du denn
überhaupt ...?"*

*Der Dialog wird immer aggressiver und endet schließlich in Handgreiflichkeiten. Der Direktor des Tafelhauses erscheint plötzlich und schimpft:
"Warum benehmt ihr euch so abscheulich? Einer schlägt den anderen nieder ...!
Wozu ist wohl dein Lehrer da?
Er kennt sich besser in der Schreibkunst aus als du,
Der Direktor kann alles tun, er wird respektiert, was er auch immer tut.
Aber wenn du tust, was dir gefällt, ein Mensch wie du kommt in Konflikt mit seinem Lehrer.
In meinem Vorratsraum ist ein Knüppel, einen Burschen wie dich werde ich damit schlagen;
Ich werde seinen Fuß mit einer Kupferkette fesseln;
Er wird zwar im Haus umhergehen können, aber er wird zwei Monate lang das Tafelhaus nicht verlassen."*

Babylonische Schreibtafel

2.3 Altes Ägypten

*Du musst deine Übungen jeden Tag erledigen.
Sei nicht faul. Du fängst an ein Buch zu lesen, und du rechnest schnell.
Lass aus deinem Mund keinen Ton hören, schreib mit deiner Hand, lies mit seinem Mund. Frag unermüdlich die, die mehr wissen als du.
Und versuch zu verstehen, was dein Lehrer will, hör auf seine Anweisungen.*
Erwartungen an die altägyptischen Schüler

Das alte Ägypten gehört zu den ersten Hochkulturen der Menschheit. Sein Aufstieg begann etwa 2900 v. Chr., als sich die Gauherrschaften Ober- und Unterägyptens zu einem einheitlichen Staatswesen vereinigten. Die Grundlage der ägyptischen Kultur bildete eine hoch entwickelte Agrartechnik, die sich die Schlammablagerungen des Nils zunutze machte. Nicht minder entwickelt war die Handwerkskunst. Ebenfalls auf hohem Niveau befand sich das Bauwesen, was sich an den wundervollen Pyramiden, Bewässerungsanlagen, Tempeln und Palästen erkennen lässt. An besonderen Kulturleistungen sind des Weiteren zu nennen das Verwaltungs- und Rechtssystem, die Mathematik, Literatur und Musik sowie die Medizin.

Die alten Ägypter hatten ein Schriftsystem, das aus Hieroglyphen bestand. Nach der ägyptischen Mythologie wurde es vom Gott Thot geschaffen. Er galt auch als Schutzherr der Schreiber und der Wissenschaft.

Die Hieroglyphen waren ursprünglich Bilderzeichen, die sich im Lauf der Zeit zu Trägern abstrakter Bedeutungen (Begriffszeichen) entwickelten. So stellt eine Wespe nicht nur ein Tier dar, sondern auch den Begriff Königtum dar. Als Beschreibstoff wurde Papyrus verwendet. Gewonnen wurde er aus dem Mark der Papyrusstaude. Bei der fertigen Form handelte es sich um eine Rolle. Die Papyri waren die Bücher des Altertums.

Um den Kulturstand von einer zur nächsten Generation zu tradieren, wurden in Ägypten Schulen eingerichtet, die sich ebenso wie in Mesopotamien in den Tempelbezirken befanden. Wie der Lehre des Cheti zu entnehmen ist, wurde ihnen eine große Bedeutung beigemessen: *Nützlich ist dir schon ein Tag in der Schule, und eine Ewigkeit hält die in ihr geleistete Arbeit vor wie Berge.*[8]

Sie standen unter der Aufsicht eines Hohepriester, der den Titel „Haupt des königlichen Unterrichtsstalles" trug. Im Grunde genommen war er der Kultusminister des Pharao.

In die Schule gingen die Söhne der wohlhabenden Familien. Auf dem Lehrplan standen Lesen und Schreiben von Hieroglyphen, Mathematik, Geschichte, Geographie, Astronomie, Sport und Kunst. Wer eine Schulbildung absolviert hatte, konnte Schreiber, Beamter, Baumeister, Wissenschaftler oder Priester werden. In den ersten Schuljahren lernten die jungen Ägypter hauptsächlich durch Abschreiben oder Diktate. Geschrieben wurde zunächst auf kleinen Tonscherben, die Ostrakas genannt wurden. In den höheren Klassen wurde das Schreiben auf dem Papyrus geübt. Hierzu gebrauchte man Binsenfedern und Rußtinte. Letzteres wurde aus dem Lampenruß hergestellt. Aufbewahrt wurde das Schreibwerkzeug im Federkasten.

Übrigens entstand im Alten Ägypten um 2100 v. Chr. das erste Schulbuch der Schulgeschichte. Das Lehrwerk hieß Kemit und wurde 1000 Jahre verwendet.

Die überlieferten altägyptischen Textquellen enthalten auch Informationen über den pharaonischen Schulbetrieb, die Schulleistungen und das Schülerverhalten. Der Tenor der Schülerbilder war eher negativ: *Die Jugend achtet das Alter nicht mehr, zeigt bewusst ein ungepflegtes Aussehen, sinnt auf Umsturz, zeigt keine Lernbereitschaft und ist ablehnend gegen übernommene Werte.*[9] Des Weiteren wurden an Fehlverhaltensweisen genannt: Disziplinschwierigkeiten, Gewalt und Aggression sowie das Schuleschwänzen. Darüber hinaus wurde angemerkt, dass die Jugendlichen das Bier mehr lieben als die Bücher.

Abweichendes Schülerverhalten versuchte man zum einen mit Ermahnungen zu bekämpfen: *Verlier deine Zeit nicht mit Wünschen, sonst wirst du zu*

---

[8] Brunner 1991, 160.
[9] https://www.aphorismen.de/zitat/56352.

einem bösen Ende kommen.[10] Zum anderen wurde auch geprügelt. In einem Lehrerleitfaden steht lapidar: *Die Ohren des Jugendlichen sind auf dem Rücken angebracht. Er hört zu, wenn man ihn schlägt.*[11] Dies schien kurzzeitig Wirkungen gezeitigt zu haben. Reumütig schrieb ein Schüler seinem Lehrer: *Du schlugst meinen Rücken und deine Belehrungen gingen in mein Ohr.*[12]

Dass die pädagogische Arbeit ein schwerer Job ist, scheint den altägyptischen Lehrern bewusst geworden zu sein. Die folgende Klage zeugt davon: *... Affen werden leichter gezähmt, Pferde schneller abgerichtet und Löwen eher gebändigt als ein Schüler belehrt wird.*[13]

Ein altägyptischer Schulschwänzer

Man sagt mir, du verlässt das Schreiben und taumelst in Vergnügungen; du gehst von Gasse zu Gasse, und es stinkt nach Bier, wo du dich rumtreibst; das Bier vertreibt die Menschen aus deiner Nähe, es lässt deine Seele wandern. Du bist wie ein krummes Steuerruder im Schiff, das nach keiner Richtung hin gehorcht. Du bist wie eine Kapelle ohne ihren Gott, wie ein Haus ohne Brot. Man trifft dich, wie du über eine Mauer kletterst, nachdem du den Stock zerbrochen hast. Die Leute laufen vor dir davon, da du ihnen Wunden schlägst. So erkenne doch, dass der Wein verabscheuungswürdig ist und schwöre dem Rauschtrank ab. Hab doch nicht die Bierkrüge in deinem Sinn und vergiss das Bockbier. Man lehrt dich, hinter der Pfeife her zu singen und zur Flöte zu jodeln, in Versen zur Zither zu sprechen und zum Nezech zu singen. Du bist im Bordell und die Dirnen umgeben dich; du stehst und schlägst Purzelbäume, du sitzt vor dem Mädchen und bist mit Öl beschmiert; dein Blumenkranz hängt dir am Halse und du trommelst auf deinem Bauch. Du torkelst und fällst auf den Bauch, du bist mit Unrat gesalbt.[14]

---

[10] Durant/Durant, Band 1, 1985, 162.
[11] Erman 1923b, 243.
[12] Ebd. 267.
[13] Brunner-Traut 1974, 70.
[14] Aus dem Papyrus Anastasi IV, einer Schulhandschrift aus dem Neuen Reich, nach Helmut Brunner, http://www.selket.de/suchmaschine.htm.

Auszug aus einem altägyptischen Lehrbuch

2.4 Altes China, Indien, Japan

Das Ziel des Lernens ist es nicht nur, das Wissen zu erweitern, sondern auch, den Charakter zu bilden. Es ist eher Ziel des Lernens, uns zu wahren als zu gelehrten Menschen zu machen
Kaibara Ekiken

Nicht nur der Vordere Orient war vor unserer Zeitrechnung hochkulturell entwickelt, sondern auch der ferne Osten. Hierzu zählt erstens das alte China, dessen Kultur im zweiten vorchristlichen Jahrtausend zu blühen begann. Zweitens ist die altindische Kultur zu nennen, deren Entstehungszeit der chinesischen in etwa entspricht. Schließlich darf auch Japan nicht vergessen werden. Seine Kulturgeschichte begann zwar etwas später, aber es gehört ebenfalls zum altasiatischen Kulturkreis.

Obwohl zwischendurch immer mal wieder geschwächt, ist China seit dem 16. Jahrhundert vor Christus das große Reich der Mitte geblieben. Keine Zivilisation besitzt eine derartige Kontinuität wie die chinesische. Zum einen verdankte das alte China dies einem gut organisierten Staatswesen, zum anderen seiner kulturellen Produktivität. Beispiele hierfür sind die Seide-Gewinnung, die Erfindung des Schießpulvers, die Herstellung von Papier und Porzellan oder die Heilkunst.

Indiens Kulturgeschichte ist nicht minder bedeutsam. Im alten Indien gab es eine niveauvolle Baukunst, eine blühende Dichtkunst und eine hoch entwickelte Mathematik. Dort konnte man schon Gleichungen zweiten Grades lösen, Wurzeln ziehen oder trigonometrische Berechnungen durchführen. Schließlich entwickelte sich im alten Indien mit dem Buddhismus die erste große Weltreligion.

Obwohl Japan schon immer für fremde Kulturgüter sehr empfänglich war, kann es eine stattliche Anzahl eigener hochkultureller Leistungen vorweisen. Zu nennen sind die Malerei, Töpferei, Gartengestaltung sowie die Dichtkunst. Großartig war auch die Architektur, die in berühmten Tempeln, Palästen und Pagoden zum Ausdruck kam.

Um den Kulturstand zu halten und weiterzugeben, entstand auch im alten China, Indien und Japan ein Schulwesen. Zur Schule gingen fast nur die Kinder der Oberschicht. Der Unterricht fand in Tempeln, Palästen und in Privathäusern statt. Konfuzius beispielsweise unterhielt eine Privatschule. Nach dem Schulabschluss standen den Absolventen die Spitzenpositionen der Gesellschaft offen. Sie wurden Priester, Beamte, Ärzte, Mathematiker oder Baumeister.

Der fernöstliche Schulalltag war hart. Er dauerte vom Sonnenaufgang bis zum späten Nachmittag. Ziel des Unterrichts war nicht nur die Einübung der Kulturtechniken, sondern auch die Charakterschulung. Den Menschen zur Aufrichtigkeit, Wahrheit und Nächstenliebe zu erziehen, so Konfuzius, ist so wichtig wie die Schulung des Verstandes. Dieses Postulat galt auch im indischen Schulwesen. Die Kinder lernten nicht nur Sanskrit und Wurzelziehen, sondern auch Mäßigkeit, Bescheidenheit und Selbstbeherrschung. Und sie bekamen vom Guru auch Meditationstechniken vermittelt.

Aus der Analyse der schulgeschichtlichen Quellen Altasiens geht hervor, dass die Schüler keineswegs Engel waren. Die überlieferten Beschwerdebilder ähneln denen anderer Hochkulturen. Konfuzius kreidete manchen Schülern an, dass sie zu sehr auf äußeren Druck lernten. Und mit ihrer Unterrichtsdisziplin war er bisweilen so unzufrieden, dass er sie mit dem Eschenstab verdrosch. Seine Motivationsproblematik brachte ein altindischer Schüler auf folgenden Nenner: *Als ob es einen Geist gäbe, der sich nicht mit Widerstreben, ja mit einem Gefühl der Erniedrigung an so eine unleidige und trockene, so weitschweifige und langweilige Übung verschwendete, wie sie das Lernen von Vokabeln ist.*[15]

Alles in allem kann man behaupten, dass die alte fernöstliche Schule Schulprobleme nicht verhindern konnte, diese aber aufgrund der intensiven Charakterbildung und der Konzentrationsförderung in geringerem Maße auftraten als in anderen Hochkulturen.

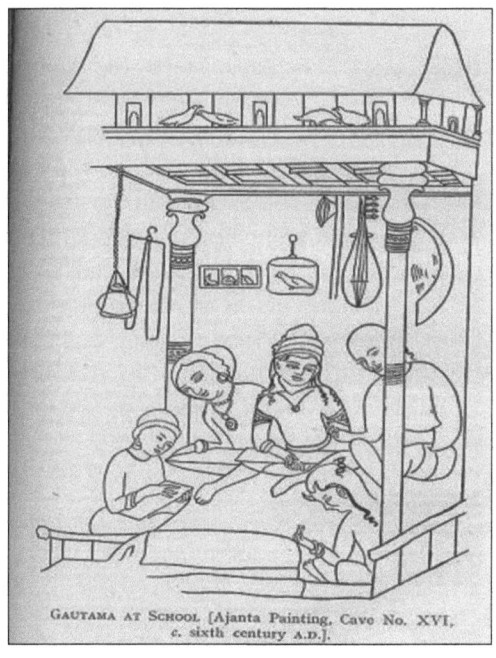

Buddha in der Schule

---

[15] Durant/Durant, Band 1, 1985 486.

2.5 Altes Griechenland

Ist der Knabe der Wärterin entschlüpft, dann befaßt sich mit ihm der Pädagoge, der Pädotribe, der Elementarlehrer, der Musik- und Zeichenlehrer. Mit der Zeit gesellt sich dazu noch der Rechen- und Meß-Künstler und der Pferdebereiter. Am frühesten Morgen steht er vom Lager auf, niemals hat er eine freie Stunde. Er ist kaum Ephebe, abermals fürchtet er sich, jetzt vor dem Kosmeten, dem Pädotriben, dem Fechtmeister, dem Gymnasiarchen; von allen diesen wird er gezüchtigt, überwacht, schikaniert.

Teles

Bis zur Expansion Roms (ab 200 v. Chr.) war Griechenland im letzten Jahrtausend vor unserer Zeit ein bedeutendes Kultur- und Machtzentrum im Südosten Europas. Unter Alexander dem Großen (356-323 v. Chr.) beherrschte es auch ganz Vorderasien. Keine Hochkultur hat auf spätere Epochen so nachhaltige kulturelle Einflüsse ausgeübt wie die griechische.

Griechenland war die meiste Zeit ein lockerer Staatenbund, dessen Mitglieder öfters miteinander im Streit lagen. Verbunden waren sie durch eine gemeinsame Sprache, das Orakel von Delphi und die Olympischen Spiele. Die großen innergriechischen Kontrahenten waren Athen und Sparta. Während die einen zum ersten Mal in der Geschichte das Regierungsmodell der Demokratie erprobten, führten die anderen vor, wie der Staat seine Bürger total zu kontrollieren vermag. Berühmt wurde das antike Griechenland aber vor allem durch seine Leistungen auf den Gebieten der Kunst, Architektur, Literatur, Philosophie, Mathematik, Technik und Naturwissenschaft. Stellvertretend zu nennen sind der Athenatempel auf der Akropolis, die Epen Homers, die philosophischen Werke des Sokrates, Platon und Aristoteles, die Tragödien des Sophokles, die Heilkunst des Hippokrates oder die mathematisch-naturwissenschaftlichen Erkenntnisse des Archimedes und Pythagoras.

Wer solch eine Kultur weitergeben möchte, braucht ein Schulwesen. Dieses war vor allem in Athen weit entwickelt. Im fünften und vierten Jahrhundert v. Chr. konnte fast die ganze Athener Mittel- und Oberschicht lesen und schreiben. Deren Kinder besuchten ab dem 7. Lebensjahr die Schule. Im Gegensatz zu Sparta befanden sich die athenischen Elementarschulen in privater Trägerschaft. Der Schulbesuch dauerte normalerweise bis zum

13./14. Lebensjahr. Unterrichtsinhalte waren Lesen, Schreiben, Rechnen, Musizieren, Gedichte-Rezitieren und Sport. Nach dem Schulabschluss erlernte man entweder ein Handwerk oder man trat in die weiterführende Schule über (ab dem vierten Jahrhundert). Diese höhere Bildungseinrichtung nannten die Griechen Gymnaseion. Die Gymnasialbildung dauerte bis zum 17./18. Lebensjahr und umfasste zum einen die sieben Künste Grammatik, Dialektik, Rhetorik, Arithmetik, Geometrie, Astronomie und Musik; zum anderen wurde auch Unterricht in den olympischen Sportarten erteilt. Ab dem vierten Jahrhundert konnte man nach der Gymnasialzeit die Rhetoren- und Philosophenschulen besuchen. Diese ähnelten dem, was man heutzutage als Hochschule bezeichnet.

In Sparta existierte bereits in der Mitte des sechsten vorchristlichen Jahrhunderts ein staatliches Schulwesen. Schulpflichtig waren alle jungen Spartaner vom achten bis zum 20. Lebensjahr. Allerdings glich die spartanische Schule eher einer Kadettenanstalt als einer pädagogischen Einrichtung. Die geistige Bildung bestand ganz lakonisch nur aus Lesen und Schreiben. Man wollte die Jugendlichen nicht zu Philosophen, sondern zu Kriegern erziehen. Dennoch kann die spartanische Schule als die erste Volksschule der Weltgeschichte bezeichnet werden.

Dass die Schulleistungen und die Schuldisziplin nicht den Erwartungen entsprachen, geht aus zahlreichen Quellen hervor. Vor allem im Goldenen Zeitalter des Perikles tat sich die Athener Lehrerschaft mit den verwöhnten Kindern und Jugendlichen besonders schwer. Es wurde laut geklagt über mangelnde Lernmotivation, Unkonzentriertheit und schlechtes Sozialverhalten. Ein Beispiel hierfür ist das Klagelied des Sokrates: *Die Jugend liebt heutzutage den Luxus. Sie hat schlechte Manieren, verachtet die Autorität, hat keinen Respekt vor den älteren Leuten und schwatzt, wo sie arbeiten sollte. Die jungen Leute stehen nicht mehr auf, wenn Ältere das Zimmer betreten. Sie widersprechen ihren Eltern, schwadronieren in der Gesellschaft, verschlingen bei Tisch die Süßspeisen, legen die Beine übereinander und tyrannisieren ihre Lehrer.*[16]

Aristophanes bezeichnete die Schülergeneration seiner Zeit als verweichlicht und schlapp. Sie hätten nichts mehr mit den großen Marathon-

---

[16] Puntsch 2001.

kämpfern gemein. Beim Waffentanz könnten sie nicht einmal mehr das Schild ordentlich führen. Das einzig Hervorstechende an ihnen sei das große Mundwerk. Sie schwänzten häufig die Schule. Die Unterrichtsdisziplin lasse sehr zu wünschen übrig.

Die Unzufriedenheit der athenischen Eltern mit ihren Kindern war manchmal so groß, dass sie die Lehrer darum baten, härter durchzugreifen. So auch die Mutter des stinkfaulen und verhaltensauffälligen Schülers Kokkalos. Ihrer Bitte entsprach Klassenlehrer Lampriskos so: *Wo ist das scharfe Leder, mein Ochsenziemer, mit dem ich die Widerspenstigen, Gefesselten schlage? Man gebe ihn mir, bevor mein Zorn platzt.* Kokkalos fügte sich dem Schicksal und verlangte lediglich eine mildere Sanktion. *Nein, ich fleh' dich an, Lampriskos, bei den Musen und dem Leben deiner (kleinen) Kutis, nicht das scharfe! Nimm das andere, mich zu schlagen!* [17]

Die Ursache der zunehmenden Lern- und Verhaltensprobleme sah Plato in einer Laisser-faire-Erziehung, die die Kinder gewähren lässt und in deren Gefolge der Respekt der Kinder vor den Eltern verloren geht:

Wenn sich Väter daran gewöhnen, ihre Kinder einfach gewähren und laufen zu lassen, wie sie wollen, und sich vor ihren erwachsenen Kindern geradezu fürchten ein Wort zu reden; oder wenn Söhne schon sein wollen wie die Väter, also ihre Eltern weder scheuen noch sich um ihre Worte kümmern, sich nichts mehr sagen lassen wollen, um ja recht erwachsen und selbständig zu erscheinen, dann zerfällt die Demokratie. Und auch die Lehrer zittern bei solchen Verhältnissen vor ihren Schülern und schmeicheln ihnen lieber, statt sie sicher und mit starker Hand auf einen geraden Weg zu führen, so dass die Schüler sich nichts mehr aus solchen Lehrern machen. Sie werden aufsässig und können es schließlich nicht mehr ertragen, wenn man nur ein klein wenig Unterordnung von ihnen verlangt. Am Ende verachten sie dann die Gesetze auch, weil sie niemand und nichts als Herr über sich anerkennen wollen. Und das ist der schöne, jugendfrohe Anfang der Tyrannei. [18]

---

[17] Marrou 1957, 233f.
[18] www.beepworld.de/members22/genisis999/zitate.htm.

Bemerkenswert ist auch, wie besorgt die Eltern um den Lernerfolg ihrer Kinder waren. Vor allem im Elementarunterricht kam es immer wieder vor, dass einzelne Schüler sich mit dem Erlernen des Lesens und Schreibens sehr schwer taten. So wird berichtet, dass Herodes Attikos an der Legasthenie seines Sohnes sehr litt und sich zu einer ganz außergewöhnlichen Fördermaßnahme entschloss.[19] Er stellte ihm 24 junge Sklaven an seine Seite, von denen jeder für einen der 24 Buchstaben und dessen Aneignung zuständig war.

Die Jugendschelte des Aristoteles

Was nun zunächst die jungen Leute angeht, so sind sie heftig in ihrem Begehren und geneigt, das ins Werk zu setzen, wonach ihr Begehren steht. Von den leiblichen Begierden sind es vorzugsweise die des Liebesgenusses, denen sie nachgehen, und in diesem Punkte sind sie ohne alle Selbstbeherrschung.
(Sie sind) sehr veränderlich ... zornmütig und leidenschaftlich aufwallend in ihrem Zorne. Auch sind sie nicht imstande, ihren Zorn zu bemeistern, denn aus Ehrgeiz ertragen sie es nicht, sich geringschätzig behandelt zu sehen, sondern sie empören sich, sobald sie sich beleidigt glauben. Ehrgeizig sind sie gleichfalls, eigentlich aber mehr siegbegierig; denn Obenaussein ist es, wonach die Jugend begehrt, der Sieg aber ist eine Art von Obenaussein.
Ferner laufen alle ihre Fehler ... auf Übermaß und Übertreibung hinaus, denn sie tun eben alles zu sehr, sie lieben zu sehr und hassen zu sehr, und ebenso in allen anderen Empfindungen.[20]

Plutarch über die athenischen Jünglinge

Er prangert folgende Laster an: *Unmäßigkeit im Essen, sich Vergreifen am Geld des Vaters, Würfelspiel, Schmausereien, Saufgelage, Liebeshändel mit jungen Mädchen, Schändung verheirateter Frauen. Solche Ausbrüche der Leidenschaften muß man demnach auf das sorgfältigste zügeln und beschränken, denn auf ihrem Höhepunkt kennt die Jugend nur die Ver-*

---

[19] Marrou 1957, 222f.
[20] Hornstein 1966, 63.

schwendung, ist leidenschaftlich dem Tanze ergeben und bedarf somit wirklich eines Zügels. Wer nicht dieses Alter nachdrücklich unter seiner Aufsicht hält, gibt unmerklich der Torheit die beste Gelegenheit zu bösen Streichen. Die verständigen Väter müssen deshalb in diesem Alter die Jünglinge behüten und wachsamen Auges betrachten und zur Besonnenheit anhalten. Dem dienen Belehrung, Drohung, Bitte, Ratschlag, Versprechen und schließlich der Hinweis auf Beispiele von solchen Menschen, die entweder ob ihrer Genusssucht in das größte Unglück geraten sind oder ob ihrer Selbstbeherrschung Lob und hohen Ruhm gewonnen haben. Denn diese beiden Beweggründe sind gleichsam die Elemente der Tugend, Hoffnung auf Ehre und Furcht vor Strafe.

Diejenigen aber, die allzu sehr den Freuden frönen und gegen alle tadelnden Vorstellungen taub sind, muß man durch das Joch der Ehe zu fesseln versuchen.[21]

Altgriechische Schulszene

---

[21] Ebd., 65f.

2.6 Altes Rom

Welches größere und bessere Geschenk können wir dem Staate darbringen, als wenn wir die Jugend unterrichten und erziehen!
Cicero

Das römische Reich war der mächtigste Staat der Antike. Es entwickelte sich von einem kleinen Stadtstaat in der Region Latium zu einem Weltreich, das schließlich 3,3 Millionen qkm Fläche mit 54 Millionen Einwohnern umfasste. Was das römische Reich besonders auszeichnete, war ein genial organisiertes Regierungs-, Verwaltungs- und Rechtssystem. Das römische Recht war von so großem Einfluss auf die Rechtsentwicklung, dass Johann Gottfried Herder Rom die „stolze Gesetzgeberin der Nationen" nannte. Die Römer waren aber nicht nur ausgezeichnete Militärs, Organisatoren und Juristen, sondern auch exzellente Baumeister, Handwerker und Landwirte. Schließlich gehören zu seinen Kulturleistungen auch die philosophischen Schriften eines Cicero, die Gedichte eines Vergil, die Geschichtsschreibung eines Tacitus oder die Kriegsberichterstattung eines Caesar. All dies geschrieben in einer Sprache, die bis ins 18. Jahrhundert Wissenschaftssprache war und die bis heute viele Fachsprachen dominiert.

Eine derart entwickelte Kultur erzeugt einen großen Bildungsbedarf. Deshalb begann schon ab dem fünften vorchristlichen Jahrhundert der Aufbau einer schulmäßigen Vermittlung der Kulturtechniken und des Wissens. Die Schulbildung breitete sich immer mehr aus, so dass um die Zeitwende die gesamte römische Mittel- und Oberschicht lesen und schreiben konnte.

Die römischen Knaben und Mädchen kamen im Alter von sieben Jahren in die Elementarschule, die privat betrieben wurde. Sie dauerte bis zum 11./12. Lebensjahr. Auf dem Lehrplan standen Lesen, Schreiben, Rechnen, sowie das Auswendiglernen des Zwölftafelgesetzes. Wer weiterlernen wollte, trat danach in die nach griechischem Vorbild eingerichtete höhere Schule über, die unter staatlicher Kontrolle stand. Dort lehrte man lateinische Grammatik, Literatur, Griechisch, Geschichte, Astronomie, Philosophie und Musik. Nach dem Ende dieser Sekundarschulzeit, etwa nach dem 16./17. Lebensjahr, konnte man eine „Hochschule" besuchen, in der schwerpunktmäßig Redekunst, aber auch Recht und Philosophie doziert wurden. In den weiterführenden Bildungseinrichtungen war der Mädchenanteil übrigens gering, während in der Elementarschule das Geschlechtsverhältnis nahezu ausgeglichen war.

Der altrömische Unterricht fand in sehr luftigen Schulstuben statt, die oft am Marktplatz lagen. Die Schüler saßen meist auf Holzschemeln um den etwas erhöhten Katheder des Lehrers. Geschrieben wurde anfangs mit Griffeln auf Wachstafeln, später mit Tinte auf Leinenpapier oder auf Pergament.

Wie das Tagwerk eines römischen Schüler ablief, zeigt die folgende Schilderung: *Bei Tagesanbruch wache ich auf, rufe meinen Sklaven und lasse ihn das Fenster aufmachen. Er tut es sofort. Ich richte mich auf und setze mich an den Bettrand. Ich bitte um Socken und Schuhe, denn es ist kalt. Nachdem ich die Schuhe anhabe, nehme ich ein Handtuch. Man bringt mir ein sauberes. Man bringt mir Wasser in einem Topf für meine Toilette. Ich gieße es mir über die Hände, das Gesicht, in den Mund. Ich reibe Zähne und Zahnfleisch. Ich spucke, schneuze mich und trockne mich ab, wie es sich für ein gut erzogenes Kind gehört.*
Ich ziehe mein Nachthemd aus, ich nehme einen Leibrock und ziehe einen Gürtel um. Ich parfümiere mir den Kopf und kämme mich. Ich schlinge ein Halstuch um den Hals. Ich binde meine weiße Pelerine darüber fest. Ich verlasse das Zimmer mit meinem Pädagogen und meiner Amme, um Papa und Mama zu begrüßen. Ich begrüße sie beide und umarme sie.
Ich suche mein Schreibzeug und mein Heft und gebe sie meinem Sklaven. Nun ist alles fertig, und ich mache mich, von meinem Pädagogen gefolgt, auf den Weg, durch die Säulenhalle, die zur Schule führt.
Meine Kameraden kommen mir entgegen. Ich begrüße sie, und sie erwidern meinen Gruß. Ich komme zur Treppe und steige sehr ruhig, wie es sich gebührt, die Stufen hinauf. In der Vorhalle lege ich meinen Mantel ab. Ich streiche mit dem Kamm über die Haare, trete ein und sage: „Ich grüße Euch, mein Lehrer." Er umarmt mich und grüßt mich
wieder. Der Sklave reicht mir Täfelchen, Schreibzeug und Lineal.
„Grüß euch, Kameraden. Macht mir Platz (meine Bank, mein Schemel)! Rück ein wenig! – Komm her! - Das ist mein Platz! - Ich hatte ihn vor dir!"
Ich setze mich und mache mich an die Arbeit.
Ich bin mit dem Lernen meiner Lektion fertig. Ich bitte den Lehrer, mich nach Hause gehen zu lassen, um zu essen. Er läßt mich gehen. Ich sage ihm „Lebewohl", und er gibt meinen Gruß zurück.

Ich kehre nach Hause zurück. Ich ziehe mich um. Ich nehme Weißbrot, Oliven, Käse, trockene Feigen und Nüsse. Ich trinke frisches Wasser. Nachdem ich gegessen habe, gehe ich wieder in die Schule. Ich treffe den Lehrer beim Lesen an. Er sagt: „An die Arbeit!" (Am Spätnachmittag). Ich muß zum Baden gehen. – Ja, die Zeit ist da! Ich gehe hin, nehme Handtücher und folge meinem Diener. Ich laufe denen entgegen, die ins Bad gehen, und sage allen und jedem: „Wie geht's? Gutes Bad! Gutes Abendessen!" [22]

Klagelieder über schlechte und böse Schüler wurden genauso häufig gesungen wie in Griechenland. Die Lehrer lamentierten über die *Ungezogenheit und Unaufmerksamkeit, Faulheit und Frechheit vieler Schüler.*[23] So klagte ein Magister, dass die Schüler zum Schulgebäude, einer Pergola, viel zu oft hinausschauten, statt dem Unterricht zu folgen. Selbst das Aufstellen von Blenden beseitigte die Konzentrationsstörung nicht. Die Schüler blickten stattdessen in den Himmel und wendeten ihre Aufmerksamkeit den Vögeln zu.

Desgleichen kritisiert wurde die Lernmotivation, was aus dem Klagelied einer römischen Mutter hervorgeht: *Wo die Wohnung des Lehrers liegt ..., das kriegt man kaum aus ihm heraus, die Glücksspielhölle aber, wo sich die Eckensteher und die entlaufenen Sklaven herumdrücken, die weiß er einem jeden flugs zu zeigen. Und die arme Tafel, die ich jeden Monat mühsam mit Wachs ausglätte, liegt verwaist am letzten Fuß des Bettes, direkt an der Wand. Erblickt er sie, so schaut er sie an, als wär's die Unterwelt ...*[24]

Dem römischen Senator Plinius minor war das negative Sozialverhalten der Schüler ein Dorn im Auge.[25] Er registrierte vor allem gravierende Höflichkeitsdefizite. Um anständige Jugendliche zu finden, müsse man intensiv suchen. Andere waren über die Ausbreitung von Schülergewalt beunruhigt. So berichtet Plutarch von den *obligatorischen* Pausenschlägereien.[26] Beklagt wurden auch Sachbeschädigungen und Graffiti-Schmierereien.

---

[22] Marrou 1957, 393f.
[23] Weeber 1995, 234.
[24] Ebd, 313.
[25] Ebd.,142.
[26] Ebd., 312.

Immer wieder musste auf Faulheit und Fehlverhalten mit Stockschlägen und Peitschenhieben reagiert werden. Übrigens hieß Zur-Schule-Gehen manum ferulae subducere (die Hand für die Peitsche hinhalten).[27] Dieses Disziplinieren und Sanktionieren scheint die antiken Lehrer sehr gestresst zu haben. Davon zeugt der Grabstein des Grammatikus P. Atilius Septicianus, auf dem geschrieben steht: *Den Krankheiten und übergroßen Übeln des Lebens bin ich entkommen. Ich kenne keine Strafen mehr, ich genieße Ruhe und Frieden.*[28]

Um die Zeitenwende versuchte man Lernschwierigkeiten durch spielerische Lernhilfen (Buchsbaum-Buchstaben) und positive Verstärkungen (Gebäck in Form von Buchstaben) abzubauen. In dieser Unterrichtsreform sah manch alter Römer ein weiteres Anzeichen für den Verfall der Bildungskultur. Und der Satiriker Petronius merkte an: "Nunc pueri in scholis ludunt" (Jetzt spielen die Kinder in der Schule).[29]

Im Lauf der nächsten Jahrhunderte nahmen die Tadeleien kein Ende. Das spätrömische Schülerbild sah genauso negativ aus. Der heilige Augustinus bezeichnete den Großteil der Schülerschaft als *zuchtlos, roh, unverschämt und zerstörerisch.*[30]

Ein pessimistisches Schülerbild in spätrömischer Zeit

Stellen Sie sich bloß einmal vor, mit welcher Geschwindigkeit die Schüler zum Unterricht kommen: Statt sich gegenseitig an Eile zu übertreffen, um ja nichts vom Lehrervortrag zu vermissen, trällern sie die neusten Hits und bleiben unter Geschwätz und Gelächter immer wieder stehen, bis sogar unbeteiligte Zuschauer ihre Langsamkeit tadeln... Aber damit noch nicht genug: Selbst während des Unterrichts gehen die Ungehörigkeiten weiter! Da werden Zeichen hin und her ausgetauscht über die Stars unter den Schauspielern und Sportlern. Einige Schüler sitzen regungslos da mit übereinander geschlagenen Armen und geschlossenen Augen – man könnte sie glatt für Statuen halten! ... Einige bohren ungeniert mit beiden Händen

---

[27] Marrou 1957, 398.
[28] Weeber 1995, 315.
[29] Ebd., 398.
[30] Ebd., 234.

in der Nase, einige schauen einfach aus dem Fenster oder platzen damit heraus, was ihnen grade durch den Kopf geht. Was waren das dagegen für Schüler, die früher bei mir ihre geistige Nahrung suchten! .... Drei oder vier Tage lang beschäftigten sie sich mit nichts anderem als meinem Unterrichtsvortrag, zu Hause und vor allem hier in der Schule. Heute aber wenden sich die Schüler gleich nach der Stunde wieder den neuesten Hits zu.... Wird dann einer gefragt, ob ich meinen Unterricht gehalten habe und mit welchem Thema, dann wird er den ersten Teil der Frage gerade noch so beantworten können, den zweiten aber sicher nicht mehr.[31]

Römisches Schulrelief

2.7 Mittelalter

Ein ritter so geleret was, daz er an den buochen las, swaz er darin geschriben vant.
Hartmann von der Aue

Der Zeitraum zwischen dem Ende der Antike und dem Beginn der Neuzeit (500-1500) wird als Mittelalter bezeichnet. Obwohl am Beginn des Mittelalters das geistige Leben einbrach und das geistige Erbe der Antike nur noch in den Klöstern tradiert wurde, kann keineswegs von einem finsteren

---

[31] www.gym-kirn.de/hp/schule/reden.htm.

Jahrtausend gesprochen werden. Im Hoch- und Spätmittelalter erlebte Europa eine kulturelle Blüte, was vor allem in den Kunst- und Bauwerken der Romanik und Gotik prachtvoll zum Ausdruck kam. Zur mittelalterlichen Kultur gehörten auch die Städte mit ihren Bürgerhäusern, Handelshöfen und Handwerksbetrieben, die ersten Universitäten, das Bank- und Kreditwesen oder Erfindungen wie der Buchdruck. Und schließlich dürfen nicht vergessen werden die theologischen, philosophischen und literarischen Werke.

Im Frühmittelalter gab zunächst es nur eine bescheidene Anzahl an Klosterschulen. Diese erfuhren dann in der karolingischen Zeit eine zunehmende Verbreitung. Karl der Große betrachtete sie nicht nur als Priesterschulen, sondern auch als Einrichtungen zur Ausbildung schriftkundiger Verwaltungsbeamter.

Seit jener Zeit unterschied man zwischen einer inneren Klosterschule für den Priesternachwuchs und einer äußeren Klosterschule für die Laienschüler. Diese Trennung galt auch für die Dom- und Stiftsschulen, die an den Bischofssitzen eingerichtet wurden. Das Lehrpersonal bestand größtenteils aus Mönchen und Nonnen.

Eingeschult wurden die Knaben und Mädchen im Alter von sieben Jahren. Für die ersteren dauerte die Schulzeit etwa acht Jahre, für die letzteren etwas kürzer. Die Mehrheit der Schülerschaft kam aus höher statuierten Familien. Aufgenommen wurden aber auch begabte Kinder aus unteren Sozialschichten. Nach einer kulturtechnischen Grundbildung wurde den Kloster- und Domschülern das Trivium gelehrt. Es bestand aus Grammatik, Rhetorik und Dialektik. Später kam das Quadrivium dran, und zwar Arithmetik, Geometrie, Astronomie und Musik. Der Unterricht wurde großenteils in lateinischer Sprache abgehalten.

Zusätzlich zu den Kloster-, Dom- und Stiftsschulen existierten Pfarreischulen, in denen begabte Knaben und Mädchen im Lesen, Schreiben und Rechnen sowie in Religion unterrichtet wurden.

Nachdem im weiteren Verlauf des Mittelalters die städtische Handels- und Handwerkerkultur zur Blüte gelangt war, stieg der Bedarf an kulturtechnisch gebildeten Arbeitskräften. Deshalb richteten die Städte für die Bürgerkinder

Stadt- und Ratsschulen ein, in denen diese Lesen, Schreiben, Rechnen und etwas Latein lernten. Daneben gab es Deutsche Schreib- und Rechenschulen, in denen Schreib- und Rechenmeister künftigen Kaufleuten und Handwerkern berufsrelevante Grundfertigkeiten und Grundkenntnisse beibrachten. Schließlich wurden auch privat organisierte Schulen eröffnet, in denen ohne obrigkeitliche Genehmigung kulturtechnische Mindestfertigkeiten eingeübt wurden. Man nannte sie Winkel- oder Klippschulen (vom niederdeutschen klipp = klein).

Das Lern- und Sozialverhalten der mittelalterlichen Schüler entsprach häufig nicht den Erwartungen der Erwachsenen. Karl der Große klagte über die Faulheit und das schlechte Benehmen seiner Aachener Palastschüler: *Ihr vornehmen Fürstensöhne, ihr Verwöhnten und Verzogenen, die Ihr auf eure vornehme Herkunft und Euren Besitz pocht, Ihr habt meinen Befehl und euren Ruhm missachtet, indem ihr das Studium der Wissenschaften vernachlässigt und der Genußsucht, dem Spiel, der Faulheit und eitlem Tun erlagt.*[32]

Die Vaganten, umherziehende Schüler, machten die mittelalterlichen Städte unsicher. Sie fielen auf durch Saufereien, Schalkheiten und Randale. Walther von der Vogelweide bezeichnete die damalige junge Generation als traurigen Haufen. *Sie protestieren immer nur gegen das, was sie für die bestehende Gesellschaftsordnung halten.*[33] In der Carmina burana, die zu seiner Zeit getextet wurde, wird der jugendliche Verhaltenszerfall folgendermaßen beschrieben:

Es blühte einst das Studium,
heut kehrt es sich ins Bummeln um.
Die Wissenschaft galt einst als Ziel,
doch obenauf ist nun das Spiel.
Die Tugend schlug ins Laster um
und Arbeit ins Faulenzertum,
kurz, alles, was geziemend heißt,
ist heut vom rechten Weg entgleist.[34]

---

[32] Schoelen 1965, 23f.
[33] Neysters 1979, 42.
[34] Hofstätter 1972, S. 46f.

Der Dominikanermönch Dominici bezeichnete die mittelalterlichen Schulen als Orte, an denen sich *eine Menge bösartiger, liederlicher Personen zusammenfindet, die zur Übelkeit sogleich bereit und schwer zu kontrollieren sind.*[35]

Diese Leistungs- und Verhaltensprobleme waren während des gesamten Mittelalters ein ständiges Klagelied der Erwachsenen. Und dies, obwohl die mittelalterliche Schulordnung außerordentlich streng war. Die Lehrer prügelten oft so brutal, dass in der Wormser Schulordnung von 1260 darum gebeten wurde, beim Züchtigen gravierende Verletzungen wie Wunden oder Knochenbrüche zu vermeiden.[36]

Die Straftat eines Klosterschülers

Ekkehard IV, Leiter der Sankt Gallener Klosterschule, berichtet in der Klosterchronik über einen schlimmen Vorfall, der sich im Jahr 937 ereignet hatte.

Es war, wie erwähnt, der dem heiligen Markus geweihte Tag (25. April), und wie es denn die Schülerlein an Festtagen sich oft einbrocken, dass man sie anderntags züchtigt, so hatten sie für Montag durch Fürbitter Vergebung oder richtiger gesagt Aufschub erlangt. Doch am Dienstag erinnerten die Aufseher, die wir Rundengänger nennen, den Lehrer wieder an ihre Vergehen, und da ward allen befohlen sich auszuziehen. Einen der Prügelknaben schickte man in die oberen Räume des Hauses, um die dort verwahrten Ruten herunterzuholen. Der aber riss in der Absicht, sich und seine Kameraden zu befreien, blitzschnell ein brennendes Scheit aus einem Öfchen, steckte es in das trockene Holz nächst dem Dach und fachte es an, soviel Zeit ihm noch blieb. Wie ihm aber die Aufseher zuriefen, weshalb er säume, schrie er lauthals zurück, das Haus brenne. Die trockenen Ziegel aber fingen Feuer, und dazu wehte der Nordwind, und so ging das ganze Gebäude in Flammen auf. Alle Schüler waren im Nu wieder in den Kleidern; ohne auf den Lehrer zu achten, stürzten sie davon und stiegen auf die Dächer.[37]

---

[35] Ross 1980, 302.
[36] Schoelen 1965, 176ff.
[37] Nonn 2012, 64.

Mittelalterliche Klosterschule

2.8 Frühe Neuzeit

Das Sittenverderben unserer heutigen Jugend ist so groß, dass ich unmöglich länger bey derselben aushalten kann.
Ein enttäuschter Schulmeister

Die Neuzeit begann mit der Entdeckung Amerikas und der Reformation Martin Luthers. Das geistig-kulturelle Leben geriet in einen tiefgreifenden Veränderungsprozess. Das menschliche Denken löste sich aus der mittelalterlichen Autoritätsgläubigkeit und wurde fähiger für Entdeckungen, Erfindungen und Entwicklungen. Galilei, Kepler und Newton begründeten die exakte experimentelle Naturforschung. Kopernikus ersetzte das geozentrische durch das heliozentrische Weltbild. Aufklärerische Philosophen verhalfen dem Menschen aus seiner Unmündigkeit und Abhängigkeit. Die Menschenrechte wurden formuliert und in der französischen Revolution artikuliert. Die Agrargesellschaft begann sich aufgrund vieler technischer Innovationen (z. B. Dampfmaschine, Textilmaschine) in die Industriegesellschaft umzuwandeln.

Die kulturelle Revolution verlangte die Ausweitung des Bildungswesens. So richtete Martin Luther 1524 einen Aufruf *an die Ratsherren aller Städte deutschen Landes, daß sie christliche Schulen aufrichten und halten sollen.*[38] Seine Forderung stieß vor allem in Württemberg auf positive Resonanz, das 1559 eine Schulordnung erließ und die Neugründung städtischer und dörflicher Schulen forcierte. Dem württembergischen Beispiel folgten im 16. Jahrhundert Braunschweig, Lippe und Kursachsen. Somit wurde das mittelalterliche Schulsystem der Kloster- und Domschulen erweitert, und zwar in den Dörfern durch so genannte deutsche Schulen, in denen nur Lesen, Schreiben und Rechnen sowie Katechismus und Kirchengesang unterrichtet wurden. Und in den Städten wurden immer mehr Lateinschulen eingerichtet, in denen die alten Sprachen, Glaubenslehre, Rhetorik und Dialektik den Lehrstoff beherrschten. Mathematik und Naturwissenschaften führten weiter ein Schattendasein. Erst im 17. und 18. Jahrhundert löste sich der Lehrplan allmählich vom lateinischen Sprachideal. Verantwortlich dafür waren die naturwissenschaftlichen, technischen und wirtschaftlichen Entwicklungen. Es kam zur Gründung der ersten Realschulen. Und es wuchs die Einsicht in die Notwendigkeit, die allgemeine Schulpflicht einzuführen, da nur so das rasant gestiegene kulturelle Niveau zu halten war.

In der Frühneuzeit besuchten mehr Schüler denn je schulische Einrichtungen. Ihre Schulleistungen und ihre Disziplin kann man aus den reichhaltigen Quellen, wozu beispielsweise die Visitatorenberichte der Schulaufsicht, Schultagebücher oder Lehrertagebücher zählen, recht gut rekonstruieren. Sie lassen wiederum den Schluss zu, dass viele Schüler von den Erziehungs- und Lernzielen der Erwachsenen weit entfernt waren. Philipp Melanchthon, der Humanist und Pädagoge, fällte 1526 in seiner Rede „De miseriis paedagogorum" (Über die Leiden der Lehrer an ihren Schülern) ein vernichtendes Urteil über die Schüler des 16. Jahrhunderts. Er exemplifizierte dies an folgendem Fall: *Dieser (Lehrer) spricht ihm vor, der Junge ist geistesabwesend; er verhört die Aufgabe, der Junge freut sich den Lehrer durch Fehler zu ärgern. Es vergeht eine Ewigkeit, bis er die Buchstaben kann. Das ist das Vorspiel; nun soll er Latein lernen. Man spricht mit ihm Lateinisch, er scharrt aus der Muttersprache seine Antwort zusammen. Man nötigt ihn; guter Gott, was für ein Schauspiel bietet er dar? Erst steht er da, stumm wie eine Bildsäule; dann nimmt er sich zusammen, er sucht*

---

[38] Weimer/Schöler 1976, 49.

nach Worten, verdreht dabei die Augen und reißt den Mund auf, wie ein Epileptischer. Endlich bringt er einen Ton heraus; aber um nicht auf einem Fehler ertappt zu werden, murmelt er unverständlich; manche bringen es zu einer wahren Virtuosität im Verschlucken der Endsilben. Man ruft: Deutlicher! Er wiederholt, und nun hört man Wortungeheuer, wider Grammatik und Latinität. Es ist ein Jammer! Nichts verabscheuen sie mehr; jeden Tag muss man mahnen, mit unermesslicher Mühe bringt man es dahin, dass sie im Semester ein Brieflein schreiben ... Zum Schlagen sagt ein berühmter Feldherr gehört dreierlei: dass die Soldaten Lust haben, Ehrgefühl haben und gehorchen. Der Schulfeldherr darf bei seinen Soldaten keins von diesen drei Stücken voraussetzen: Sie haben keine Lust zu lernen, kein Ehrgefühl, keinen Gehorsam. Die meisten würden lieber graben als Latein lernen. Wahrlich, ein Kamel tanzen oder einen Esel das Lautenschlagen lehren, wäre erträglichere Mühe.[39]

Matthias Bredenbach, Rektor an der Lateinschule in Emmerich am Rhein, setzte das schulpädagogische Klagelied des 16. Jahrhunderts fort.[40] Die Schüler seien keine Christen, sondern Barbaren. Die armen Schulmeister hätten es in ihren Schulstuben mit wilden Tieren zu tun. Und Nathan Chyträus, berühmter Humanist und Schulrektor in Bremen, bezeichnete den Großteil seiner Schülerschaft als zügellos, bäurisch unwissend, unbändig frech und lasterhaft gottlos.[41] Die Hauptursache lag für ihn in familiären Erziehungsdefiziten.

Bisweilen steigerten sich die Verhaltensauffälligkeiten bis zur gezielten kollektiven Gewalt. So geht aus den Akten der Dresdner Kreuzschule hervor, dass im Jahre 1535 die Schüler einen regelrechten Krieg mit den Dresdnern Schneidergesellen führten.[42]

Die aus dem 17. und 18. jahrhundert überlieferte Schülerbeurteilung klingt nicht viel anders. Wie den Carentenbüchern (Strafregistern) der streng geführten evangelischen Klosterschulen Württembergs zu entnehmen ist, gab es dort Disziplinverstöße zuhauf.[43] Die Zöglinge wurden beim un-

---

[39] Paulsen 1919, 369f.
[40] Durant/Durant Band 11, 1985, 345.
[41] Ebd., 345f.
[42] Gretzschel/Kossak 1992, 30.
[43] Lang, 1938.

mäßigen Trinken, beim Schulschwänzen und beim Sex ertappt. So kam es in der Klosterschule Adelberg zu Messerstechereien zwischen Schülern. Und in der Klosterschule Blaubeuren musste ein Schüler ausgeschlossen werden, weil er ein Mädchen defloriert hatte.

Der Göttinger Gelehrte Professor Johann Matthias Gesner beurteilte im „Taschenbuch für teutsche Schulmeister" die Schülermotivation sehr negativ.[44] Die Schüler kämen meist ungern zur Schule und machten im Unterricht nicht mit. Sie verwendeten ihre Aufmerksamkeit lediglich darauf, das Pausenzeichen nicht zu überhören. Der Schulpädagoge und Schulreformer Johann Bernhard Basedow übte radikale Kritik am Leistungsstand der Schüler.[45] Er stellte fest, dass sehr viele nur eine rudimentäre Lesekompetenz besaßen und in ihrer Freizeit kaum lasen. Aus preußisch strenger Sicht schob man die Verantwortung den schuldistanten Eltern zu. Dies kommt im von Friedrich Wilhelm I. affirmierten Generaledikt der Schulpflicht zum Ausdruck: *Wir vernehmen mißfaellig und wird verschiedentlich von den Inspectoren und Predigern bey uns geklaget, dass die Eltern, absonderlich auf dem Lande, in Schickung ihrer Kinder zur Schule sich sehr saeumig erzeigen, und dadurch die arme Jugend in grosse Unwissenheit, so wohl was das Lesen, Schreiben und Rechnen betrifft, als auch in denen zu ihrem Heyl und Seeligkeit dienenden hoechstnoetigen Stuecken aufwachsen lassen.*[46]

Im Ulmer Pädagogikjournal „Der Landschullehrer" wurde gegen Ende des 18. Jahrhunderts das Verhalten der Jugendlichen scharf kritisiert. Dieses sei so schlecht, dass sowohl die Schule als auch der Konfirmationsunterricht keine Erziehungschance hätten: *Sie sitzen in Schenken hinein, trinken, spielen und tanzen und haben oft dabei weder Maß noch Ziel. Sie schwärmen oft noch um Mitternacht auf den Gassen und Straßen herum, schreien, johlen, pfeifen und singen die zottigsten Lieder; bringen die wichtige Neujahrsnacht mit gefährlichem Schießen auf die leichtsinnigste Weise zu; sind sehr eitel; übertreiben ihren Kleiderstaat; drängen sich in der Kirche in die vordersten Stühle hinein, sehen sich nach verbotenen*

---

[44] Gesner 1794, 229-356.
[45] Overhoff, 94.
[46] Ricking 2003, 29.

Gegenständen um und können oft wenig oder gar nichts aus der Predigt wiederholen.[47]

Auf das abweichende Schülerverhalten reagierte man mit harten Sanktionen, die aber offensichtlich nur kurzfristig wirkten. Wie und in welchem Maße sanktioniert wurde, geht aus dem Tagebuch des oberschwäbischen Schulmeisters Jakob Häuberle hervor, der sein fünfzigjähriges Lehrerleben und seine Strafen dokumentierte:

911527 Stockschläge, 124010 Rutenhiebe, 20989 Pfötchen und Klapse mit dem Lineal, 136715 Handschmisse, 10235 Maulschellen, 7905 Ohrfeigen, 1115800 Kopfnüsse und 22763 Notabenes mit Bibel, Katechismus, Gesangbuch und Grammatik. 777mal hat er Knaben auf Erbsen knieen lassen und 613mal auf dreieckicht Holz; 5001 mussten Esel tragen und 1707 die Rute hoch halten, einiger nicht so gewöhnlicher Strafen, die er zuweilen im Falle der Not aus dem Stegreif erfand, zu geschweigen. Unter den Stockschlägen sind ungefähr 800000 für lateinische Vokabeln, und unter den Rutenhieben 76000 für biblische Sprüche und Verse aus dem Gesangbuch.[48] Diese aggressive Erziehungspraxis rief bei den Schülern Hass hervor. Die prügelnden Zuchtmeister wurden verächtlich als Arschpauker oder Steißtrommler bezeichnet.

Sittlich-moralische Verstöße am Jesuitengymnasium Paderborn (1666)

1. März: Abgefaßt mehrere Trinker.

8. März: Es prügelten sich, nachdem sie kaum das Kollegium verlassen, auf dem Vorplatze die Musiker, als sie in herkömmlicher Weise bei uns bewirtet waren; aber auch der Organist befand sich in einem solchen Zustande, daß ein anderer an seine Stelle treten mußte. Aber auch der Logiker Nikolaus Collart wurde in unserer Kirche durch den unvorsichtigen Genuß von Branntwein der Besinnung beraubt angetroffen. Nichtsdestoweniger hatte man Nachsicht mit ihm, weil er ein unverdorbener Jüngling

---

[47] Der Landschullehrer, Band 3, 81f.
[48] Raumer, K. v., 1889, 241f.

war und die Kraft jenes Weines nicht gekannt hatte. Er mußte aus der Kirche getragen werden.

13. März: Gezüchtigt wurde der Rhetor Johannes Plöscher aus Wiedenbrück, welcher bei seinem Professor von sich und seinem Stubengenossen Theodor Friedrich Dincker, ebenfalls Rhetor, schriftlich das Geständnis abgelegt hatte, am zweiten Fastnachtstage hätten sie zwei Mägde des Herrn Bürgermeisters Fabritius betrunken gemacht, dann seien sie, nachdem sie 7 Uhr der Messe beigewohnt, zu der Scheune gegangen, in welcher die eine Magd betrunken von Branntwein dalag, sein Genosse habe dieselbe entblößt und unzüchtig berührt etc. Der letztere, obgleich mehrmals von seinem Lehrer gerufen, erschien nicht.

14. März: Plöscher begann einiges, was er am Tage vorher ohne Furcht aufgeschrieben hatte, zu leugnen. Zum P. Präfekten kam der Hauswirt der beiden Studenten und der Schreiber des Herrn Bürgermeisters Fabritius und versuchten vergebens, die Studenten zu entschuldigen. Dincker, aufgefordert zu erscheinen, weigerte sich.

15. März: Plöscher erhielt den Befehl, wahrheitsgemäß aufzuschreiben, was er und sein Genosse am zweiten Fastnachtstage getrieben; was er jetzt schrieb, namentlich von seinem Genossen war zwar weniger schlimm, verlangte aber doch eine Sühne mit der Rute. Nun wurde zu Dincker der Claviger geschickt mit dem Befehl, er solle sich dem Präfekten stellen. Er antwortete, er werde bald da sein, kam aber nicht.

16. März: Im Auftrage des Rektor Magnifikus schickte der P. Präfekt den Pedellen mit zwei kräftigen Logikern aus, um den Dincker zu holen, wenn er nicht lieber zur öffentlichen Schande durch Soldaten oder Amtsdiener der Stadt sich holen lassen wolle; jetzt folgte endlich der Student, begleitet von seinem weinenden und ihn entschuldigenden Hauswirt, und er wurde in Gegenwart einiger Zuschauer in der Aula von seinem Lehrer mit der Rute gezüchtigt nicht nur wegen dessen, was er getrieben, sondern auch wegen seines Ungehorsams. NB. Er hatte auch an seinen Lehrer einen albernen und ganz ungeziemenden Brief geschrieben.[49]

---

[49] Richter 1894, 266f.

Winkelschule im 16. Jahrhundert

2.9 19. Jahrhundert

Wir Schüler einer kleinen halb ländlichen Lateinschule waren an Lehrer gewöhnt, die wir entweder fürchteten oder haßten, denen wir auswichen und die wir belogen oder die wir belächelten oder verachteten.

Hermann Hesse

Während des 19. Jahrhunderts vollzog sich ein grundlegender, alle Lebensbereiche umfassender Wandel. Bahnbrechende Erfindungen beendeten die agrarische Periode der Geschichte. Die industrielle Revolution bewirkte eine riesige Ausdehnung der materiellen Kultur. Die Romantik versuchte zwar den durch die Industrialisierung verursachten Gefühlsverlust in Malerei, Literatur, Musik und Theater auszugleichen, konnte aber die technischen, wirtschaftlichen und politisch-sozialen Veränderungen nicht aufhalten. Die Industriekultur stellte neue Anforderungen an die Menschen, was der Schulpflicht zum endgültigen Durchbruch verhalf.

In der zweiten Hälfte des 19. Jahrhunderts besuchte die Mehrzahl der Heranwachsenden die Volksschule, in der Lesen, Schreiben, Rechnen,

Religion, Realien, Zeichnen, Turnen und Handarbeit im Lehrplan standen. Eine mittlere Gruppe besuchte die Real- und Mittelschulen. Und eine kleine, aus höheren Schichten stammende Minderheit bekam in den klassisch-humanistisch ausgerichteten Gymnasien sowie an den naturwissenschaftlich orientierten Oberrealschulen und Realgymnasien „höhere Bildung" vermittelt. Darüber hinaus wurden auch Berufsschulen eingerichtet, um den Lehrlingen spezifische Kenntnisse und Fertigkeiten beizubringen.

Wichtig zu wissen ist, dass in den Bildungseinrichtungen des 19. Jahrhunderts der Geist der Humanität noch lange nicht Einzug gehalten hatte. Es regierte ein strenges Schulregiment. Der Unterrichtston war steif, schroff und autokratisch. Ziel der Schule war es, Zucht und Ordnung herzustellen und das vorgegebene Pensum zu erledigen. Die Lehrer waren Pauker, und die Schule war eine Paukschule.

Die militärische Kontrolle des Lernens und Verhaltens verhinderte Fehlentwicklungen und Lerndefizite nicht. Die Leistungen der Schüler wurden sehr negativ beurteilt. Die Gymnasialpädagogen vermissten einfache Grundkenntnisse, monierten die geringe Lernlust und sprachen dem Gros der Schüler die Studierfähigkeit ab. Verbittert klingt die Klage des berühmten Orientalisten Paul de Lagarde, der von 1854 bis 1866 an verschiedenen Berliner Gymnasien unterrichtete: *Unsere Jugend beherrscht keine Sprache, sie kennt keine Literatur, sie hat nicht einmal die Hauptwerke unserer großen Dichter in Ruhe gelesen und zu verstehen gesucht ... Sie ist ... so ungeschult in der Auffassung geistiger Vorgänge und schriftstellerischer wie rednerischer Leistungen, dass sie auf der Universität einem freien Vortrag zu folgen außerstande ist ..."*[50]

Ins selbe Horn stieß der Joachimsthaler Lehrer M. Seyfert: *Für jeden gewissenhaften Lehrer ist es ein Greuel, unter Primanern, die ex officio Sophokles und Demosthenes lesen, eine Menge von jungen Leuten zu sehen, bei denen fast jede Erinnerung an die grammatischen Formen erloschen ist, ohne daß er ein Mittel besäße, diesem ungründlichen und unwissenschaftlichen, ja unsittlichen Treiben mit Nachdruck zu steuern.*[51]

---

[50] Paulsen 1921, S. 388.
[51] Ebd., 380.

Ähnlich katastrophal sah das Leistungsbild an den Volksschulen aus. Ein Beispiel hierfür ist der Bericht eines Schulrats, der im Jahre 1845 die Stollsche Fabrikschule visitierte: *Lesen: An Ausdruck nicht zu denken. Schreiben: Äußerst unreinlich. Die Orthografie ist ebenfalls sehr mangelhaft. Korrigiert waren die Diktierbücher nicht; auch hat der Lehrer, der täglich 11 Lehrstunden erteilt und keiner Vorschrift sich bedient, dazu in der Tat keine Zeit. Das Rechnen steht noch auf der allerersten Stufe, weil dem Lehrer es aller Methode fehlt. Mit Exempeln wie zum Beispiel „Ein Kalb kostet zwei Taler, wie viel kosten zwei Kälber?" beschäftigen sich die Kinder stundenlang. Einige Kinder fand ich sehr schwach, einer ... konnte noch gar nicht lesen.*[52] Kein Wunder, dass viele Schüler ohne regulären Abschluss aus der Schule entlassen wurden. So verließen beispielsweise in Mannheim in den Jahren 1877-1887 die Volksschule 80% ohne Abschluss. In Berlin sah es gegen Ende des 19. Jahrhunderts zwar etwas besser aus, ab er es waren immer noch 44%, die die oberste Klasse der Volksschule nicht erreichten.[53]

Das Sozialverhalten war so schlecht wie das Lern- und Leistungsverhalten. Schülergewalt war gang und gäbe. Es kam auch immer wieder vor, dass sich die jugendliche Aggression gegen Lehrpersonen richtete. Im Jahre 1887 schossen vier Jugendliche in Bodenrode auf einen Lehrer und verletzten ihn schwer.[54] Am 18. November 1894 entging ein Lehrer in der Stadtschule Preussisch-Friedland nur knapp einem Attentat.[55]

Der Schulbesuch war trotz der Schulpflicht alles andere als regelmäßig.[56] Nicht selten geschah es, dass an einem Schultag die Schwänzerquote höher war als die Präsenzquote. Ein Rektor aus Elterlein im Erzgebirge beschwerte sich bei der Schulverwaltung, dass von seinen 130 Schülern 107 des Öfteren durch Schwänzen auffielen.

Die Schüler des 19. Jahrhunderts entsprachen keineswegs den Normen der ideal klingen Schulordnungen, die ihnen immer wieder nahe gelegt wurden. Sie ähnelten eher den bösen Buben, wie sie von Wilhelm Busch in

---

[52] Alt 1958, 231.
[53] Ritter/Kocka, 1974, 280f.
[54] Zander 2003.
[55] Ebd.
[56] Johansen 1978, 107ff.

Gestalt von Max und Moritz gezeichnet und beschrieben wurden, oder dem hyperaktiven Zappelphilipp und dem Faulpelz Bastian in den Kindermärchen des Frankfurter Nervenarztes Dr. Heinrich Hoffmann.

Aggressives Schülerverhalten im 19. Jahrhundert

Im Jahre 1816 beklagte das Frankfurter Polizeiamt das aggressive und gewalttätige Verhalten der Schüler durch folgenden Bericht: *Der ausgelassene Mutwillen und Unfug, welchen die Knaben auf den Straßen besonders nach den Schulstuben verüben, hat bisher den allgemeinen Unwillen erregt, und die lautesten Beschwerden veranlasst. Ihr Herumlaufen, Schreien und Lärmen, hauptsächlich auch das Werfen mit Steinen, womit sie nicht selten sich und andere beschädigen, oder, wenn sie gar in ganzen Haufen gegeneinander losgehen, sind ihre gewöhnlichsten Unarten, die schon lange jedermann zur größten Belästigung und Ärgernis gereicht haben. Zuweilen treiben sie es auch gar so weit, dass sie Feuer auf den Straßen in entlegenen Gegenden anmachen, kleine Schießgewehre loszünden und in Messläden nach der Messe einsteigen, sie aufbrechen und dadurch deren Eigentümern auf mancherlei Art Schaden zufügen.*
Eben dahin gehört auch ihr Schaukeln auf den Ketten an den Einfassungssteinen um die Allee an dem Rossmarkt und an Privathäusern, wodurch sie nicht nur die Steine nach und nach zersprengen, sondern sich auch selbst Leibes- und Lebensgefahr aussetzen ...Unter diesen Umständen sieht sich das Polizeiamt bewogen, seine Pflichten ausdrücklich eintreten zu lassen und noch strengere Mittel als bisher anzuwenden, um einen so tief eingerissenen Unfug abzustellen und noch größerer Verwilderung für die Zukunft vorzubeugen.[57]

---

[57] Schiffler/Winkeler 1985, 136.

Dorfschule im 19. Jahrhundert

2.10 20./21. Jahrhundert

Die Schule ist die optimale Organisation lenk- und steuerbarer Lernprozesse in der Gesellschaft.
Heinrich Roth

Das 20./21. Jahrhundert ist gekennzeichnet durch ein geradezu dramatisches wissenschaftlich-technisches Entwicklungstempo. In allen Lebensbereichen wurden Produkte entwickelt, von denen man ein paar Jahrzehnte zuvor nur träumen konnte. Aber nicht nur die materielle, sondern auch die geistige Kultur veränderte sich kolossal. Hierzu trugen vor allem die modernen Massenmedien dabei. Alles in allem brachten die letzten 100 Jahre eine hoch technisierte komplizierte Gesellschaft hervor, die auch als Informationsgesellschaft bezeichnet wird.

In allen modernen Staaten wurde im Verlauf dieser Entwicklung ein Schulwesen geschaffen, um Kinder und Jugendliche auf das Leben und Arbeiten in der komplizierten Gesellschaft vorzubereiten. Die Lehrerausbildung wurde akademisiert. Man versuchte die Lehrpläne so zu gestalten, dass sie den aktuellen Wissenstand repräsentieren. Zur Wissensvermittlung wurden neue mediale Hilfsmittel bereitgestellt. Gegen Ende des 20. Jahrhunderts startete man hierfür eine Offensive zur Computer-Ausstattung. Auch die Lehrer-Schüler-Beziehung, die in den Jahrhunderten zuvor stark autokratisch war, trat in einen Wandel ein. Das Persönlichkeitsrecht des Schülers wurde endlich ernst genommen und die Körperstrafe abgeschafft. Für Problemschüler und deren Eltern wurden Unterstützungssysteme eingerichtet, wozu vor allem schulpsychologische Beratungsangebote gehören. Und man formulierte ein Recht auf Bildung, das so zu verstehen ist, dass niemandem aus finanziellen Gründen eine Schultür verschlossen bleiben darf.

Da die Schule zu einer der wichtigsten gesellschaftlichen Institutionen geworden ist, werden die Schüler immer genauer beobachtet. Erstens werden regelmäßig Kinder- und Jugendstudien durchgeführt, aus denen die Entwicklungsniveaus und Entwicklungsprobleme zu ersehen sind. Zweitens melden Arbeitgeber und Hochschulen laufend zurück, wie sie die Leistungen und Kompetenzen der Berufs- und Studienanfänger wahrnehmen. Drittens berichten die Medien in Form von Meldungen, Reportagen und Serien fast täglich über die Schülerschaft. Viertens geben Lehrerverbände über ihr Bild von den Schülerleistungen und vom Schülerverhalten regelmäßig Statements ab. Fünftens werden die Schüler in nationalen und internationalen Schulleistungsstudien stetig auf den Prüfstand gestellt. Sechstens erscheinen immer häufiger populärwissenschaftliche Bücher, deren Autoren mit ihrer jeweils persönlichen Lupe die junge Generation untersuchen. Und nicht zuletzt sind Schüler täglich Thema unserer Alltagskommunikation. Analysiert man die Vielzahl der direkt und medial vermittelten Schülerbilder, so ist leider festzustellen, dass die Klagelieder die Loblieder deutlich überwiegen.

Am Beginn des 20. Jahrhunderts, mitten in der wilhelminischen Zeit, achtete man sehr darauf, dass das Schülerverhalten den Vorstellungen von Zucht und Ordnung entsprach. Denn die Staatsphilosophie ging davon aus, dass die Schule, die auch als Vorschule der Kaserne bezeichnet wurde, den disziplinarischen Grund legt, auf dem der Staat und das Heer aufbauen. Der wilhelminische Schuldrill scheint aber nur eingeschränkt wirksam gewesen zu sein. Die Schüler verletzten genauso häufig die Normen der Schuldisziplin wie in den Jahrhunderten zuvor. Es gab nicht nur epidemisch verbreitete Unterrichtsstörungen, sondern auch schlimme Gewaltereignisse. So tötete im Jahre 1906 ein Meidericher Volksschüler den Lehrer

Lukas, indem er ihm eine Bleikugel auf den Kopf schlug.[58] Und schließlich gab es auch große Suchtprobleme. Einen bedrückenden Einblick vermittelt uns der Bericht eines Kölner Lehrers: *Durch auffallende Schläfrigkeit und geistige Trägheit meiner Schulneulinge veranlasst, stellte ich kürzlich montags Nachforschungen unter den sechsjährigen Knaben an: Von den 54 Schülern waren 19 am Sonntag vorher im Wirthaus gewesen; 20 hatten Wein, 24 Bier, 29 Schnaps getrunken; 8 hatten sich erbrechen müssen.*[59]

In der Zeit vor dem Ersten Weltkrieg verschärfte sich der jugend- und schülerkritische Ton: *Der Durchschnitt der heutigen Jugend hat weder Kraft noch Reinheit, weder Begeisterung zum Guten noch wirklichen Drang nach Wahrheit. Der Durchschnitt ist müde und skeptisch, lüstern und ideenlos.*[60]

In den zwanziger Jahren gab es viele Klagen über den Leistungsrückgang der Volksschüler. Laut der preußischen Statistik von 1926 erreichten lediglich 49% der Schüler in den städtischen Gemeinden das reguläre Ziel der Volksschule und auf dem Lande nur 54%.[61] Der Rest verließ die Volksschule ohne Abschluss.

Auch mit den Gymnasiasten war man damals nicht zufrieden. Das negative Feedback kam vor allem von den Hochschulen, die das Leistungsniveau der Studienanfänger kritisierten. So klagte der Senat der Universität München, *dass die akademische Jugend weit weniger geschult ist als früher, ihre Gedanken in ihrer Muttersprache schlicht und einwandfrei auszudrücken.*[62]

Ende der zwanziger Jahre wurde mit Berufsanfängern in der Rheinprovinz ein Leistungstest durchgeführt.[63] Im Rechentest betrug die Quote der richtigen Lösungen bei den Jungen 56% und bei den Mädchen 50%. In der aus acht Sätzen bestehenden Rechtschreibprobe machten die Jungen durchschnittlich 7,8 Fehler und die Mädchen durchschnittlich 6,7 Fehler.

---

[58] Zander 2003.
[59] SPIEGEL, Nr. 13, 1986, 124.
[60] Hornstein, 1966, 5.
[61] Leschinsky 1982, 47f.
[62] http://daten.schule.at/dl/Skriptum_Bildung_2005.pdf.
[63] Ingenkamp 1986, 4.

Am Beginn der dreißiger Jahre monierte der Württembergische Industrie- und Handelstag, *dass viele aus der Volksschule kommende Lehrlinge nicht diejenigen Kenntnisse in der deutschen Sprache, im Rechtschreiben und im Rechnen mitbringen, die man von ihnen verlangen müsse.*

Mitte der fünfziger Jahre stellte der Psychologe Karl Friedrich Mierke fest, *dass gegenwärtig über ein allgemeines Absinken der Konzentrationsfähigkeit und über ein auffallendes Anwachsen der Konzentrationsschwäche in den Schulen geklagt wird*[64].

In den sechziger Jahren führte der Pädagoge Hans-Christian Thalmann eine viel zitierte Studie über Verhaltensstörungen im Grundschulalter durch, nach deren Ergebnissen die damaligen Grundschulkinder folgendermaßen kategorisiert wurden:[65]

symptomfrei	22%
leicht symptombelastet	29%
mäßig symptombelastet	29%
stark belastet	19%
Anstaltsfälle	1%

Ende der sechziger Jahre geriet das Grundwissen der Schulabgänger ins Visier der Wirtschaft. Eine bundesweite Studie, in der Führungskräfte aus Industrie, Handwerk und Handel befragt wurden, hatte eine deftige Leistungsschelte zur Folge. 84% der Befragten vermeldeten Defizite in den Grundrechenarten, 81% bei den Rechtschreibfähigkeiten, 80% in der Ausdrucksfähigkeit und 62% bei den Zeichenfähigkeiten.[66]

In der Enquete zur psychiatrischen und psychotherapeutischen Versorgung in der Bundesrepublik Deutschland, die in den siebziger Jahren für den deutschen Bundestag erstellt wurde, ging man davon aus, dass 20 bis 25% der Schulkinder einer psychiatrisch-psychotherapeutischen Intervention bedürfen.[67] Und der Pädagoge Hartmut von Hentig bewertete 1975 das Verhalten der Schulkinder sehr negativ und besorgniserregend: *Die heutigen*

---

[64] Mierke 1957, 6.
[65] Thalmann 1971.
[66] Arlt/Beelitz 1970.
[67] Deutscher Bundestag Drucksache 7/42000, Bonn 1975.

Kinder sind ganz offensichtlich die Kinder ihrer Zeit und ihrer Umwelt, sie sind ihr entlarvendster Spiegel. Sie sind nicht nur nervös, ungeordnet ..., vital, „gestört"' – sie terrorisieren einander, sie streiten sich ununterbrochen ..., sie vandalisieren das Gemeingut, sie sind weitgehend unfähig, anderen und sich selbst Freude zu bereiten, sie scheinen unfähig, tiefere anhaltende Beziehungen zu Menschen oder Sachen einzugehen – und sie müssen ununterbrochen schreien ... Mein Erschrecken darüber war so groß, dass ich nicht glauben wollte, dass „Kinder" „heute" „so sind".[68]

Der Kinderpsychiater Christoph Steinhausen beklagte am Beginn der achtziger Jahre das starke Ansteigen von Konzentrationsstörungen. Er zog hierzu ein alarmierendes Fazit: *Mangelnde Konzentration, motorische Unruhe und ungesteuertes Verhalten gehören heute zu den häufigsten Klagen von Eltern und Lehrern und führen eine nicht unbeträchtliche Zahl von Kindern in die Sprechstunde von Ärzten und anderen Beratern. Neu an dieser Klage ist weniger die Tatsache als solche, als vielmehr die Intensität und Häufigkeit, mit der die Klage vorgebracht wird.*[69]

Zur selben Zeit analysierte der Erziehungswissenschaftler Jürgen Oelkers das Sozialverhalten der Schülerinnen und Schüler. Was er damals an den Jugendlichen beobachtete, ist alles andere als positiv: *Das Sozialverhalten dieser Fünfzehnjährigen ist jedenfalls in der Schule auffallend regressiv und individualistisch. Die Schüler verhalten sich wie Einzelgänger, die nur vorübergehend und zweckbestimmt Cliquen bilden; eine Gesamtgruppe mit Wir-Gefühl und gemeinsamer Aktivität ist nicht erkennbar.*[70]

Mitte der achtziger Jahre wurde das Klagelied von den Defiziten der Studienanfänger besonders laut gesungen. Anlass hierzu war eine Pressekonferenz, in der die Kommission „Hochschulzugang" des Hochschulverbandes die Ergebnisse einer Untersuchung zur Studierfähigkeit der Öffentlichkeit vorstellte.[71] Aus Professorensicht waren bei den Studienanfängern die Arbeitsqualität, das Ausdrucksvermögen, die Technik der schriftlichen Darstellung, das Wissen, die Selbstständigkeit, die Motivation, die Konzentration, die Belastbarkeit und das Differenzierungsvermögen unterent-

---

[68] Hentig 1984, 32f.
[69] Steinhausen 1982, 11.
[70] Oelkers/Prior 1982, S. 36.
[71] Ingenkamp 1986, 16.

wickelt. Obwohl in der Studie auch positive Merkmale wie das Ausbildungsinteresse und das Denkvermögen genannt wurden, verbreiteten die Medien einen negativen Tenor.

Ende der achtziger Jahre widmete sich der SPIEGEL der Analyse des Schülerverhaltens. In der 1988 erschienenen Cover-Story wurde die Schule als Tollhaus bezeichnet: *Bei den Schülern, da sind sich Lehrer, Eltern und Psychologen einig, sinkt die Fähigkeit zur Konzentration, steigt die Angrifflust, fehlen die Geduld und die Lernbereitschaft, erlahmt das Interesse am Unterricht. In Umfragen bestätigen Pädagogen bundesweit, dass Krawalle und Clownerien, Aggression und Apathie in den Klassenzimmern kräftig zunehmen.*[72]

Zum gleichen Zeitpunkt führte die Regensburger Erziehungswissenschaftlerin Maria Fölling-Albers die viel beachtete Studie „Schulkinder heute" durch, um die Auswirkungen der veränderten Kindheit auf Unterricht und Schulleben zu eruieren.[73] Aus der breit angelegten Befragung ging hervor, dass aus Lehrersicht zwei Drittel der Kinder ichbezogener und weniger rücksichtsvoll seien.

Im letzten Jahrzehnt des 20. Jahrhunderts fokussierte das kritische Auge der Erwachsenen das Sozialverhalten der Schüler. Vor allem die Medien konstatierten einen rapiden Anstieg von Aggression und Gewalt. Der STERN stellte 1993 fest, dass die Schule zum *Albtraum für Schüler, Lehrer und Eltern* geworden sei.[74] Im Fachmagazin PSYCHOLOGIE HEUTE war im selben Jahr zu lesen, dass im Klassenzimmer aufgerüstet werde und Gewalt Schule mache.[75] Der SPIEGEL kam 1995 zum Schluss: *Noch nie ist es so schwer gewesen, aus Kindern Erwachsene zu machen.*[76] Ergänzt wurden die Medienberichte durch pädagogisch-psychologische Sachbücher, deren Autoren konstatierten, dass die Schülergewalt sich in beängstigendem Maße ausbreite.[77]

---

[72] SPIEGEL, Nr. 15, 1988, 28.
[73] Fölling-Albers 1992, 34ff.
[74] STERN, Nr. 35, 1993, S. 25.
[75] Spreiter 1993, 58ff.
[76] SPIEGEL, Nr. 9, 1995.
[77] Korte 1992.

Ende der neunziger Jahre wurden die Schulleistungen zentraler Gegenstand der Schülerschelte. Der Auftakt hierzu fand im Jahre 1997 statt, als die Ergebnisse von TIMSS (Third International Mathematics and Science Study) veröffentlicht wurden. Diese internationale Schulleistungsstudie wurde durchgeführt, um die Mathematik- und Naturwissenschaftsleistungen von Schülerinnen und Schülern aus 45 Ländern miteinander zu vergleichen.[78] In beiden Leistungsbereichen schnitt Deutschland nur mittelmäßig ab. Die Folge war ein alarmierendes Presseecho. Die FAZ titelte beispielsweise: *Schlechte Noten für deutsche Schüler.*[79] Als Reaktion auf diese Qualitätskritik fasste die deutsche Kultusministerkonferenz 1997 den Beschluss, regelmäßige Vergleichsuntersuchungen zum Lern- und Leistungsstand der Schüler durchzuführen und an der internationalen Leistungsvergleichsstudie PISA teilzunehmen.

In der ersten PISA-Studie im Jahr 2000 wurden 180 000 Fünfzehnjährige aus 32 Staaten untersucht. Darunter waren circa 5000 Schülerinnen und Schüler aus Deutschland. Ende des Jahres 2001 wurden die PISA-Ergebnisse veröffentlicht.[80] In allen untersuchten Leistungsbereichen landeten die deutschen Schüler im unteren Drittel:

- Lesekompetenz: Rang 21 von 32
- Mathematische Grundbildung: Rang 20 von 32
- Naturwissenschaftliche Grundbildung: Rang 20 von 32.

Beim Lesen erzielten sie im schwachen Leistungsbereich negative Spitzenwerte. Zehn Prozent lagen in der untersten Stufe der Lesekompetenz. Sie waren kaum in der Lage, Texten einfache Informationen zu entnehmen. Diese Risikogruppe der schlechten Leser bestand überwiegend aus männlichen Haupt- und Sonderschülern. Bezüglich der Lesekompetenz waren in Deutschland die Geschlechtsunterschiede besonders deutlich. Jungen lasen gravierend schlechter als Mädchen. 60% der männlichen Jugendlichen gaben zu, buchabstinent zu sein. Fast jeder vierte Fünfzehnjährige befand sich im Rechnen nur auf Grundschulniveau. Rund ein Viertel kam bei den Naturwissenschaftsleistungen über die unterste Kompetenzstufe

---

[78] www.timss.mpg.de.
[79] www.timss.mpg.de/Presseecho/Presseecho.htm.
[80] Deutsches PISA-Konsortium 2001.

nicht hinaus. Die Differenz der Leistungsunterschiede zwischen dem Gymnasium und der Hauptschule war hier beträchtlich.

Die Ergebnisse dieser ersten PISA-Studie lösten den größten Schock aus, seit Georg Picht im Jahre 1964 von der deutschen Bildungskatastrophe gesprochen hatte. Der SPIEGEL diagnostizierte: *Land der Dichter und Denker abgehängt.*[81] In einer Meldung der Deutschen Presseagentur war vom deutschen *Schul-Desaster* die Rede.[82] Die Boulevard-Presse drückte sich noch katastrophaler aus. Bisweilen entstand der Eindruck, als könnte die deutsche Schuljugend kaum lesen, schreiben und rechnen. In den Schulministerien machte sich Verzweiflung breit. Arbeitgeberpräsident Hundt sah unseren Wirtschaftsstandort in akuter Gefahr.[83] Und der Handelskammertag kommentierte mit Bestürzung: *Schlimmer hätte es nicht kommen können.*[84]

Eine große Schar von Experten versammelte sich ums Bildungs-Krankenbett und bot Therapie an. Gefordert wurden ein Ende der Kuschelpädagogik, mehr Ganztagsschulen, mehr Sprachdiagnose und Sprachförderung in der Schuleingangsphase, die Abschaffung des Sitzenbleibens, Gesamtschulunterricht bis Ende der Sekundarstufe I, nationale Bildungsstandards und regelmäßiger Schul-TÜV. Im Gefolge dieser ersten Ratschläge entstand eine Vielzahl von Büchern, Zeitschriften-Artikel, Fernsehsendungen und Spezialmagazinen, die allesamt das Ziel hatten, die Ursachen des PISA-Desasters zu analysieren und Lösungsvorschläge zu entwickeln.

Im Gefolge der ersten PISA-Schockwelle wurde die Schülerkritik generell chic. Jeder fühlte sich ermutigt, seine Schülerschelte zum Besten zu geben. Bildungsexperte Dieter Schwanitz sendete in einem SPIEGEL-Interview 2002 folgende Killer-Botschaft in Richtung Jugendliche: *Eine Horde lernunwilliger, ungezogener, an Fernsehunterhaltung gewöhnte Bestien.*[85] Im selben Jahr gab das Institut der deutschen Wirtschaft die Ergebnisse einer Befragung von 1435 Professoren bekannt. Daraus ging unter anderem her-

---

[81] ww.spiegel.de/unispiegel/studium/ 0,1518,172574,00.html.
[82] Deutsche Presseagentur, 4.12.2001.
[83] Pressekonferenz der Bundesvereinigung der Deutschen Arbeitgeberverbände mit Dr. Dieter Hundt zum Thema "Standortfaktor Schule", 5.2.2002.
[84] Deutsche Presseagentur, 4.12.2001.
[85] SPIEGEL, Nr. 23, 2002.

vor, dass aus professoraler Sicht nur jeder vierte Studienanfänger uneingeschränkt studierfähig sei.[86]

Auch wenn sich der Hauptinhalt der Schülerschelten auf die schlechten Leistungen und die mangelnde Lernmotivation bezog, wurde zwischendurch immer mal wieder das Sozialverhalten verstärkt thematisiert. Im April 2002 erschoss der 19-jährige Robert Steinhäuser im Erfurter Gutenberg-Gymnasium 16 Menschen und am Ende seines Amoklaufs sich selbst. Diese schreckliche Bluttat besetzte alle Schlagzeilen und nicht wenige Kommentatoren sahen in dieser Tat einen Indikator für die generelle Verrohung einer ganzen Schülergeneration, obwohl wissenschaftlich bekannt ist, dass Amok-Taten sehr selten vorkommen und Ausdruck einer pathologischen Persönlichkeitsentwicklung sind.[87] Ähnlich reagierte die Öffentlichkeit, als im Februar 2004 drei Fälle von schlimmer Misshandlung aufgedeckt wurden, und zwar in Hildesheim, in Hannover und in Walpertskirchen.[88] Recht schnell wurde von den drei Einzelfällen auf die deutsche Schülerschaft generalisiert und der Eindruck eines Massenphänomens erzeugt.

Im Dezember 2004 erhielt das Nörgeln über Schüler neue Nahrung, als die Ergebnisse der zweiten PISA-Studie bekanntgegeben wurden.[89] Im Zentrum der Vergleichsuntersuchung, an der 250000 Schüler aus 41 Staaten teilnahmen, stand die mathematische Kompetenz, während das Leseverständnis, die Naturwissenschaften und das fächerübergreifende Problemlösen in geringerem Umfang geprüft wurden. Die deutschen Schüler schnitten diesmal etwas besser ab als diejenigen, die im Jahr 2000 getestet wurden. Sie belegten in der Wertung der 29 OECD-Staaten in Mathematik Rang 17, im Lesen Rang 20 und in den Naturwissenschaften Rang 16. Trotz dieser Verbesserungen fiel die öffentliche Resonanz insgesamt negativ aus. Der FOCUS merkte zynisch an: *Pennäler noch immer ziemlich dumm.*[90] Der STERN diagnostizierte *maues Mittelmaß.*[91] Und in vielen Stellungnahmen wurde darauf hingewiesen, dass die Schüler aus dem

---

[86] Konegen-Greiner 2002.
[87] www.psychosoziale-gesundheit.net/psychiatrie/amok.html.
[88] www.kriminalportal.de/aktuell/index_50509.cfm.
[89] PISA Konsortium Deutschland 2003.
[90] FOCUS Online, 6.12.2004.
[91] www.stern.de, 4.12.2004.

Siegerland Finnland den deutschen Teilnehmern um eineinhalb Schuljahre voraus seien.

Mitte der 2000er Jahre machte das kritische Auge der Erwachsenen ein neues Thema ausfindig. In den medialen Blick gerieten großstädtische Brennpunktschulen, in denen das Schülerverhalten zu einem gravierenden Erziehungsproblem geworden war. Ausgelöst wurde der Themenwechsel durch einen Hilferuf, der von der Berliner Rütli-Hauptschule an die Schulverwaltung erging. Das Kollegium beklagte die Disziplinlosigkeit der Schülerschaft: *Unsere Bemühungen die Einhaltung der Regeln durchzusetzen, treffen auf starken Widerstand der Schüler/innen. Diesen Widerstand zu überwinden wird immer schwieriger. In vielen Klassen ist das Verhalten im Unterricht geprägt durch totale Ablehnung des Unterrichtsstoffes und menschenverachtendes Auftreten. Lehrkräfte werden gar nicht wahrgenommen, Gegenstände fliegen zielgerichtet gegen Lehrkräfte durch die Klassen, Anweisungen werden ignoriert.*[92]

Der Rütli-Fall löste bundesweit Betroffenheit aus und erzeugte das Schreckgespenst von einer rasanten Zunahme der Disziplinlosigkeit an unseren Schulen. Eine intensive öffentliche Diskussion über die Schuldisziplin war die Folge. Im selben Jahr erschien Bernhard Buebs Buch „Lob der Disziplin".[93] Der langjährige Leiter der Internatsschule Salem zeichnete ein düsteres Bild von unseren Kindern und Jugendlichen. Hauptursache waren für ihn erzieherische Defizite im Elternhaus und in der Schule.

Ende des Jahres 2007 wurde die Beobachtungskamera der Erwachsenen wieder in Richtung Schülerleistungen geschwenkt. Am 4.12.2007 wurden nämlich die Ergebnisse der dritten PISA-Erhebungsrunde vorgestellt.[94] Schwerpunkt der in 57 Ländern vorgenommenen Leistungsmessung waren die Naturwissenschaften. Aus dem Ergebnisbild ging hervor, dass die deutschen Schüler in den Naturwissenschaften Rang 8 sowie in den Bereichen Mathematik und Lesefähigkeit jeweils Rang 14 belegten. Somit hatten sie besser abgeschnitten als 2000 und 2003. Dennoch geizten vor allem die medialen Berichterstatter weiterhin mit Lob. Ihnen war der Auf-

---

[92] www.tagesspiegel.de, 30.3.2006.
[93] Bueb 2006.
[94] PISA Konsortium Deutschland 2007.

wärtstrend nicht deutlich genug, das Gesamtergebnis immer noch Mittelmaß.

Im Jahr 2008 wurde über die Schüler ein neues Klagelied angestimmt. Mobbing an Schulen wurde zu einem öffentlich intensiv diskutierten Thema. Der Pädagoge und Präventionsspezialist Mustafa Janan veröffentlichte sein „Ant-Mobbing-Buch". Mit Bezug auf empirische Ergebnisse und Schulerfahrungen traf er die alarmierende Feststellung: *Mobbing ist an deutschen Schulen weiter verbreitet als gemeinhin angenommen.*[95] Ebenso viel Aufmerksamkeit weckte eine im selben Jahr publizierte Studie der Universität München. Diese legte den Schluss nahe, dass bereits in der Grundschule in breitem Maße gemobbt werde.[96] Dieses Resultat wurde von den Medien skandalisierend interpretiert und transportiert. Es entstand der Eindruck, als seien die Schüler-Schüler-Beziehungen hoffnungslos destruktiv.

Am 11. 3. 2009 schockierte der Amoklauf an der Albertville-Realschule in Winnenden ganz Deutschland. Der 17-jährige Berufsschüler Tim Kretschmer kehrte an seine ehemalige Schule zurück und erschoss acht Schülerinnen, einen Schüler und drei Lehrerinnen. Auf der Flucht nahm er drei weiteren Menschen das Leben. Schließlich tötete er sich selbst. Obwohl es sich wie in Erfurt um einen psychisch kranken Einzeltäter handelte, wurde die Schule verstärkt als gefährlicher Ort wahrgenommen, an dem Gewalt alltäglich ist, angefangen vom Fertigmachen übers Schlägern bis hin zum Töten.

Im Dezember 2010 flammte die Leistungskritik wieder auf, als am 7. Dezember die Ergebnisse von PISA 2009 präsentiert wurden.[97] Inhaltlicher Schwerpunkt der Leistungsstudie war die Lesekompetenz. Während die Kultusministerkonferenz die erneuten Fortschritte hervorhob, fielen die Kommentare der gesellschaftlichen Organisationen und der Presse anders aus. Sie zeigten sich über das mittelmäßige Abschneiden enttäuscht. Der SPIEGEL lästerte: *Wir sind noch lange nicht Champions League.*[98] Besonders kritisiert wurden die immer noch zu große Problemgruppe der Leseschwachen und die zu geringe Lesemotivation der Jungen.

---

[95] Jannan 2008, 22.
[96] SPIEGEL, Nr. 12, 2008, 127.
[97] Klieme u. a. 2010.
[98] SPIEGEL ONLINE, 7.12.2010.

Im Sommer 2011 wurde mal wieder ein an die Berliner Schulbehörde adressierter Brandbrief publik. Lehrer aus dem Brennpunktbezirk Neukölln zeigten sich bestürzt über die *zunehmende Respektlosigkeit, Gewaltbereitschaft und Gewaltausübung* vieler Schüler.[99] Massive Unzufriedenheit äußerten sie auch über die Lernmotivation und die Sprachkompetenz.

Kurz vor der Bundestagswahl 2013 erregte der SPIEGEL mit der Titelgeschichte „Die Recht Schreip-Katerstrofe" großes Aufsehen.[100] Ohne auf eine bundesweite empirische Repräsentativstudie verweisen zu können, behauptete er, die deutschen Kinder lernten nicht mehr korrekt schreiben. Als Hauptursache nahm er methodisch-didaktische Defizite des grundschulischen Deutschunterrichts an.

Als einige Monate später die Ergebnisse der PISA-Studie 2012 unters Volk gebracht wurden, änderte sich außerhalb des Bildungsbereichs die bisherige Berichterstattung kaum. Das Bundesministerium für Bildung und Forschung äußerte sich über das Abschneiden der deutschen Schüler zufrieden: *(Sie) überzeugen mit guten Leistungen in Mathematik, Naturwissenschaften und Lesen und liegen erstmals in allen Testbereichen deutlich über dem OECD-Durchschnitt. Deutschland gehört zu den wenigen Staaten, die sich seit den ersten PISA-Erhebungen kontinuierlich verbessert haben.*[101] Im Gegensatz dazu hielt sich die Öffentlichkeit mit Ermutigungen zurück. Die Bundesvereinigung der Deutschen Arbeitsgeberverbände mahnte bessere Leistungen im mathematisch-naturwissenschaftlichen Bereich an.[102] Das HANDELSBLATT gab den deutschen Probanden die Note *Drei plus.*[103] Und die WELT vermisste das nötige Maß an *Exzellenz.*[104]

---

[99] www.spiegel.de/schulspiegel/neuer-brandbrief-von-berliner-lehrern-zerstoerung-muell-urin-a-781463.html.
[100] SPIEGEL, Nr. 25, 2013.
[101] www.bmbf.de/de/899.php.
[102] www.arbeitgeber.de/www/arbeitgeber.nsf/id/de_pi06513.
[103] www.handelsblatt.com/politik/deutschland/pisa-studie-note-3-fuer-deutschland/9161412.html.
[104] www.welt.de/debatte/kommentare/article122523183/Zu-viel-Mittelmass-zu-wenig-Exzellenz.html.

Eine pädiatrische Schülerschelte aus dem Jahre 1954

Es wird uns aber übereinstimmend von allen Lehrern ein objektives Kriterium berichtet, nämlich, dass sich die Schulleistungen dauernd verschlechtern. Dabei sind die Anforderungen nicht oder kaum gewachsen ... es hat sich eine Flatterhaftigkeit und ein mangelndes Konzentrationsvermögen breitgemacht, wie sie sich früher nur bei vereinzelten Kindern fand. Die Merkfähigkeit hat nachgelassen; gleichzeitig sind aber die Kinder leistungsunfähig, kommen todmüde von der Schule, nachdem sie von der 3. Schulstunde an nicht mehr recht aufnahmebereit gewesen waren. Diese allgemeine schnelle Ermüdbarkeit macht sie misslaunig und verhindert es, daß sich viele Sonderinteressen ausprägen können, von einem schulischen Ehrgeiz ganz zu schweigen ... So sagen die Lehrer. Nicht mindere Klagen kommen von zu Hause. Es sind die gleichen, die dann in unserer kinderärztlichen Sprechstunde aufgeführt werden. Die Schulkinder sind auch daheim so leistungsschwach, dass eine körperliche Krankheit vermutet wird. Die Mutter muß sich neben ihre Söhne setzen, damit sie bei der Aufgabe bleiben ... Jedes vorbeifahrende Auto, jede Fliege im Zimmer lenkt sie ab ... Abends schlafen sie schlecht ein, nachts sind sie unruhig, morgens todmüde, zum Frühstück schmeckt es nicht, gehetzt kommen sie in die Schule, ermüdet nach Hause. Zu höflichen Formen, zu Tischmanieren, zur Rücksicht aufeinander sind die Kinder überhaupt nicht zu erziehen. Widerspruch wird schnell laut, Kritik an Geschwistern und Eltern ist stets vorhanden, dabei sind sie selbst durch Kritik schnell verletzt. Sie glauben an nichts, nehmen nichts ernst, außer dem Geld, in dessen Handhabung sie eine erstaunliche Virtuosität entwickeln ... Aber die Schwererziehbarkeit besteht offenbar schon im Kleinkindesalter. Noch nie sah man so viele kleine Tyrannen, so viele renitente Schlechtesser, Bettnässer, Einkoter, so viele schreckhafte und überängstliche Kinder.[105]

Ein sozialpädagogische Schülerschelte am Beginn des 21. Jahrhunderts

In Schule, Hochschule und Ausbildungsbetrieben wird unisono geäußert: „So kann es nicht weitergehen!" Leistungsbereite Schüler werden zu

---
[105] Müller 1954, 162f.

Außenseitern, der übrige Nachwuchs lässt sich unmotiviert und lethargisch im Lernfluss dahintreiben, sehnsüchtig auf das Wochenende wartend, um endlich im großen Pool der Spaßkultur abbauen zu können ... Die Alarmmeldungen überschlagen sich. Hier wird die Misere als Erziehungsnotstand, dort als Erziehungskatastrophe bezeichnet. Dann die nächste Hiobsbotschaft: Die PISA-Studie, eine internationale Vergleichsstudie zur Effizienz und Effektivität des schulischen Lernens, verweist das Land der Dichter und Denker auf die hinteren Plätze: Lesen, Rechnen, Arbeitshaltung, Denk- und Sprachvermögen mangelhaft. In Universitäten und betrieblicher Ausbildung kumulieren Nichtwissen und Unvermögen. Allzu oft wirkt der ‚Dreisatz' antriebslos, ausbildungslos, arbeitslos! ... Stellvertretend für die Zukunftsvorstellungen vieler Jugendlicher hier der Lebenstraum eines 15-jährigen Hauptschülers: „Heiße Öfen, schnelle Autos, tolle Frauen, viel Geld und nie arbeiten müssen!"[106]

In der Computerschule

---

[106] Wunsch 2003, 12ff.

3. Fünftausendjährige Problembilanz

Zu allen Zeiten gab es jedenfalls die immer gleiche Erwachsenenüberzeugung, dass die jeweils junge Generation sich gründlich von der vorausgegangenen unterscheide. Und, in der Regel, dass sie besorgniserregend viel schlechter sei: lernunwillig und leistungsschwach und ganz gewiss unfähig, die kulturellen Traditionen zu bewahren oder gar fortzuentwickeln.

Wolfgang Harder

Seit dem historischen Schulbeginn in Mesopotamien bleiben Kinder und Jugendliche hinter den Leistungs- und Verhaltenserwartungen der Erwachsenen zurück. Die Quintessenz dieser Kritik, die seit 5000 Jahren regelmäßig geübt wird, ist bemerkenswert stabil. Auf der Hitliste der Klagelieder der Erwachsenen rangieren seit den ersten Schultagen in Sumer und Babylon folgende Defizite:

- mangelnde Lernmotivation (Faulheit)
- Konzentrationsschwäche
- Lese-Schreibschwierigkeiten
- Rechenschwierigkeiten
- fachbezogene Wissenslücken
- Unterrichtsstörungen
- fehlerhaftes Sozialverhalten
- moralische Defizite.

Trotz der ständigen Alarmmeldungen ist die Kultur seit 5000 Jahren immens fortgeschritten. Schülergenerationen, denen man kaum etwas zugetraut hatte, waren als Erwachsenengenerationen sehr erfolgreich. Sie entwarfen Bewässerungssysteme, erfanden Messgeräte, entdeckten Kontinente und Naturgesetze, konstruierten Maschinen, synthetisierten Medikamente, komponierten Opern, schufen Bauwerke, bauten Computer und vernetzten die Welt.

Warum die Zeugnisse der nachwachsenden Generation immer wieder schlecht ausfallen, hat mehrere Gründe, die im Folgenden dargelegt werden.

Erstens befinden sich Kinder und Jugendliche in einem intensiven Entwicklungsprozess, der im Kontext einer hochentwickelten Kultur- und Wissensgesellschaft stattfindet. Aufgrund der Kompliziertheit des Lebens ist dieser schwieriger geworden. Und es dauert viel länger als früher, bis die gesteckten Entwicklungsziele erreicht sind. Das Problem in diesem Entwicklungsgeschehen sind weniger die Entwicklungsresultate, sondern die Ungeduld, mit der die Erwachsenen darauf schauen.

Zweitens tendieren Erwachsene dazu, Idealvorstellungen und hohe Maßstäbe in Form strenger Glaubenssätzen zu entwickeln. Sowohl der einzelne Schüler als auch die Schülergeneration werden dann im Lichte dieser hehren Ziele wahrgenommen.

„Mein Kind muss ein sehr guter Schüler sein."
„Es darf keine Fehler machen."
„Es ist schlimm, wenn es ein Ziel nicht erreicht."
„Es ist nur dann wertvoll, wenn es tolle Leistungen erbringt."
„Unsere Schüler müssen Spitze sein."
„Sie dürfen uns keine Probleme machen."
„Es ist eine Katastrophe, wenn sie nicht bei den besten sind."

Entsprechen die Schüler diesen perfektionistischen Vorstellungen nicht, gibt es Ärger, Frustrationen und auch Aggressionen. Dann trifft die Erkenntnis des antiken Stoikers Epiktet zu: *Nicht die Dinge selbst beunruhigen die Menschen, sondern die Vorstellungen von den Dingen.*[107]

Drittens waren die Erwachsenen schon immer von der Angst vor dem Versagen der Folgegeneration beseelt. Sie haben Angst, dass die nachwachsende Generation dermaßen missrät, dass sie im Alter nicht mehr versorgt werden können. Und sie befürchten, dass die Heranwachsenden den Kulturstand nicht halten. Diese Angst ist teils berechtigt, aber zu einem gut Teil übertrieben.

---

[107] Epiktet 1978, 25.

Viertens projizieren Erwachsene ihre eigenen Schwächen ganz gern in das Verhalten der Kinder. Kein Erwachsener ist perfekt, sondern ein Mensch mit Fehlern und Schwächen. Jeden Tag kommt es zu beruflichen und privaten Fehlleistungen. Immer kämpfen auch die Erwachsenen mit ihrer Faulheit und ihrem Aufschubverhalten. Kein Tag vergeht, an dem sie nicht soziale Normen brechen, Killerbotschaften senden und Mitmenschen kränken. Der einzige Unterschied zwischen Kindern und Erwachsenen besteht darin, dass letztere im Kaschieren von Fehlern und im Rationalisieren kompetenter sind. Und sie beherrschen vor allem den Abwehrmechanismus der Projektion. Aus Sigmund Freuds Sicht heißt dies, dass der eigene Fehler am Mitmenschen wahrgenommen und kritisiert wird.

Fünftens wird in der Erinnerung die Vergangenheit verklärt, so dass jede Gegenwart es schwer hat. Die Behauptung, dass früher alles besser war stimmt häufig nicht. An dem Trugschluss ist ein Schutzmechanismus des Gehirns maßgeblich beteiligt. Dieser sorgt dafür, dass beim Blick auf die Vergangenheit das Positive und Schöne auf der inneren Leinwand erscheint. Die Erinnerung trügt somit zum Zwecke unseres Wohlbefindens.

Sechstens ist am falschen Schülerbild ein Lupeneffekt beteiligt. Darunter ist zu verstehen, dass die vergrößernde Beobachtung der Schülerleistungen und des Schülerverhaltens die Probleme negativer erscheinen lässt als sie tatsächlich sind. Wer irgendwo eine scharfe Lupe darauf hält, wird immer auch mehr entdecken, als dies beim Normalsehen der Fall ist. Im Extremfall entsteht aus der visuellen Verschärfung eine Horrorvision. Dieser Lupeneffekt wird insbesondere durch dramatisierende Medienberichte bewirkt. Sie konstruieren oftmals eine Wirklichkeit, wo sich der kritisch Wahrnehmende die Frage stellt, wie wirklich die Wirklichkeit eigentlich ist.

Und nicht zuletzt wird durch die Schülerschelte der Blick auf die wahren Problemursachen versperrt. Es wird nicht die Frage nach den Ursachen der Verwundung gestellt, sondern lediglich der Finger in die Wunde gelegt. Die seit 5000 Jahren beklagten Leistungs- und Verhaltensbilder sind keineswegs nur kindliche Eigenproduktionen. Im Grunde genommen sind wir Erwachsenen die Verursacher. Unsere Bildungspolitik zeigt sich an den PISA-Ergebnissen der Schüler. Unsere Erziehungsfehler kehren wieder in Form ihrer Lernprobleme. Unser Hedonismus widerspiegelt sich unweigerlich in ihrer Faulheit. Unser hektischer Lebensstil drückt sich in ihrer Unruhe und

Unaufmerksamkeit aus. Unsere Kränkungen finden sich in ihren Aggressionen wieder. Unser Fernsehkonsum entspricht ihrer Leseunlust. Ob in Babylon, im alten Rom oder in unserer Zeit, das Klagelied vom schlechten Schüler ist zum Großteil Selbstanklage.

Die Hypothese, dass die früheren Schülergenerationen signifikant besser, fleißiger und braver waren, wackelt übrigens gewaltig, wenn man sich die Ergebnisse ernsthafter Studien anschaut. Zu nennen ist beispielsweise die viel beachtete Untersuchung des amerikanischen Erziehungswissenschaftlers Walter Doyle, der die Situation der Schuldisziplin im Jahre 1890 mit der im Jahre 1970 empirisch verglich. Er fand keine Anzeichen für eine Disziplinverschlechterung.[108] Der Schulpsychologe Hajo Sassenscheidt befragte 1973 und 1987 Lehrer des Hamburger Stadtteils Wilhelmsburg nach der Häufigkeit von Verhaltensstörungen (Schuleingangsstufe bis Klasse 5).[109] 1973 wurden 22,8% der Wilhelmsburger Kinder als konzentrationsschwach und 23,2% als sehr unruhig beschrieben. 1987 wurden 15,6% als konzentrationsschwach und 21,8% als sehr unruhig bezeichnet. Dieser Vergleich widerlegte die Hypothese vom Konzentrationsverfall. Der Deutschdidaktiker Wolfgang Menzel prüfte in den achtziger Jahren die Hypothese von der sich stetig verschlechternden Rechtschreibfähigkeit, indem er aktuelle Diktate mit Diktaten aus den fünfziger Jahren verglich.[110] Während früher durchschnittlich 7 Fehler pro 100 Wörter gemacht wurden, waren es zum Zeitpunkt seiner Untersuchung 7,5 Fehler. Ebenfalls widerlegt wurde die Hypothese vom Verfall der Rechtschreibleistungen in einer Untersuchung, die 2004 der Lese-Schreib-Forscher Hans Brügelmann vorlegte.[111] Der Erziehungswissenschaftler Karl Heinz Ingenkamp analysierte zahlreiche Studien, in denen die Leistungen der Berufsanfänger und Studienanfänger untersucht wurden.[112] Er konnte keine Bestätigung der Hypothese vom Leistungsabfall finden. Süffisant merkt er an: *Wenn dieser seit Jahrhunderten beklagte Leistungsabfall tatsächlich so stattgefunden hätte, dann müsste nach dem Maßstab von 1820 die heutige Professoren-*

---

[108] Doyle 1978, 3-16.
[109] Sassenscheidt 1988, 12-15.
[110] Menzel 1985, 32-35.
[111] www.uni-siegen.de/~agprim/iea/iea%5B1%5D.bericht.04-02-11.ohne_anhang.pdf.
[112] Ingenkamp 1986.

und Ausbildungsgeneration unfähig sein, einfache Sätze niederzuschreiben oder einfache Maschinen in ihren Konstruktionsprinzipien zu verstehen.[113]

Zum Nachdenken

Ein Hirsch, der weit über hundert Jahre alt war, sagte zu einem seiner Enkel: „Ich kann mich noch sehr gut an die Zeit erinnern, als der Mensch das donnernde Feuerrohr noch nicht erfunden hatte."
„Was muss das für uns Hirsche eine glückliche Zeit gewesen sein!" seufzte der Enkel. „Das ist ein voreiliger Schluss", sagte der alte Hirsch. „Die Zeit war anders, aber nicht besser. Der Mensch hatte anstatt des Feuerrohrs Pfeile und Bogen. Und wir waren genauso schlimm dran wie heute auch!"
Gotthold Ephraim Lessing

---

[113] Ebd., 1f.

4. Schulzeit – schwierige Entwicklungszeit

Mensch werden ist eine Kunst.
Novalis

Die menschliche Entwicklung ist ein komplizierter von der Anlage, der Umwelt und dem Selbst gesteuerter Prozess. Der Mensch benötigt von der Geburt an cirka 20 Jahre, um erwachsen zu werden. Den Großteil dieser entwicklungsintensiven Zeit verbringt er in der Schule

Nach Erkenntnissen des Entwicklungspsychologen Robert Havighurst wird der Mensch in jeder Entwicklungsphase mit typischen Entwicklungsaufgaben beziehungsweise Lernaufgaben konfrontiert, die er lösen soll.[114] Sie ergeben sich aus der physischen Reifung, aus den Erwartungen und Ansprüchen der Gesellschaft und aus den Zielen, die sich der Mensch in seiner persönlichen Lebensplanung setzt.[115] Einige Entwicklungsaufgaben, wie zum Beispiel der Erwerb der Kulturtechniken, sind einer ganz spezifischen Lebensphase zugeordnet. Andere wiederum, zum Beispiel die Integration in eine soziale Gruppe, werden im Lebenslauf immer wieder neu gestellt. In der Auseinandersetzung mit diesen Aufgaben erwirbt der Mensch Kompetenzen und Fertigkeiten, die für seine Persönlichkeitsentwicklung und Lebensbewältigung besonders förderlich sind. Bewältigt er Entwicklungsaufgaben nicht, kann dies zu folgenreichen Entwicklungs- und Persönlichkeitsstörungen führen.

In Anlehnung an die Entwicklungspsychologen Eva und Michael Dreher[116], die Havighursts Konzept weiterentwickelt haben, lassen sich für die einzelnen Entwicklungsphasen elementare Entwicklungsaufgaben definieren:

---

[114] Havighurst, 1972.
[115] Grob/Jaschinski 2003, 26ff.
[116] Dreher/Dreher 1985.

Mittlere Kindheit (6-12 Jahre)

- Erlernen körperlicher Geschicklichkeit, die für gewöhnliche Spiele vonnöten ist
- Aufbau einer positiven Einstellung zu sich selbst als einem wachsenden Organismus
- Lernen, mit Gleichaltrigen zurecht zu kommen
- Erlernen eines geschlechtsspezifischen sozialen Rollenverhaltens
- Entwicklung grundlegender Kompetenzen im Lesen, Schreiben und Rechnen
- Erwerb von Begriffen und geistigen Operationen, die für das Alltagsleben notwendig sind
- Entwicklung von Gewissen und Wertorientierungen
- Erreichen persönlicher Unabhängigkeit
- Entwicklung Einstellungen gegenüber Gruppen und Institutionen

Adoleszenz (12-18 Jahre)

- Aufbau neuer und reiferer Beziehungen zu Gleichaltrigen beiderlei Geschlechts
- Übernahme der männlichen oder weiblichen Geschlechtsrolle
- Annahme der persönlichen körperlichen Erscheinung und wirksame Nutzung des Körpers
- Lösung von den Eltern und anderen erwachsenen Bezugspersonen
- Vorbereitung auf Ehe/Partnerschaft und Familienleben
- Vorbereitung auf die Übernahme einer Berufsrolle
- Erlangung eines ethischen handlungsleitenden Bewusstsein
- Erreichung eines sozial verantwortlichen Verhaltens

Frühes Erwachsenenalter (18-30 Jahre)

- Berufseinstieg
- Auswahl eines Partners/einer Partnerin
- Lernen, mit dem Partner/der Partnerin zu leben
- Gründung einer Familie
- Betreuung und Versorgung der Familie

- Organisation des Haushalts, Herstellung eines Heims
- Ausübung staatsbürgerlicher Verantwortung
- Einbindung in eine soziale Bezugsgruppe

Die Bewältigung solcher Aufgaben, die sich täglich in vielen konkreten Situationen stellen, ist kein Kinderspiel. Sie hängt zum einen von den persönlichen Fähigkeiten und Potenzialen ab, zum anderen aber auch von der Umwelt, insbesondere von der Familie. Je nachdem, welche inneren oder äußeren Voraussetzungen fehlen, birgt Entwicklung immer die Gefahr des Stillstands, des Scheiterns oder gar des Rückschritts. Sie ist ein schwieriges und riskantes Geschehen. Beim Verweis auf diese Tatsache, wird häufig entgegnet, dass aufgrund des gesellschaftlichen und ökonomischen Fortschritts Entwicklung leichter gelingen müsste. Bei dieser Argumentation wird fälschlicherweise davon ausgegangen, dass die materielle Lage der entscheidende Entwicklungsfaktor ist. Dass dem nicht so ist, lässt sich schon mit dem Phänomen der Wohlstandsverwöhnung beweisen. Es gibt nicht wenige Kinder und Jugendliche, die ein Übermaß an seelischer und materieller Zuwendung erhalten und somit in eine folgenreiche Motivationsstörung geraten. Der Erziehungsfehler der Verwöhnung beziehungsweise der Mangel an alterstypischer Forderung macht sie unfähig, Entwicklungsaufgaben zu bewältigen.

Dies ist nur ein Beispiel, an dem sich zeigen lässt, dass auch am Beginn des 21. Jahrhunderts Entwicklung nicht kinderleicht geworden ist. Es gibt eine Vielzahl an Ursachen, die die Lern und Verhaltensentwicklung im Schulalter stören und blockieren können. In Frage kommen genetische Beeinträchtigungen, Begabungsdefizite, frühkindliche Traumen, familiäre Probleme, Erziehungsfehler, Mangel an kultureller Anregung, schlechter Unterricht, schädigendes Lehrerverhalten, ungünstiger Gruppen- oder Milieueinfluss, soziale Notlage oder Migrationsprobleme.

Entwicklung wird nicht nur durch die Gene, die Person, die Familie, die Schule oder die Freizeitgruppe beeinflusst, sondern auch durch den größeren Entwicklungskontext. Folgende Kontextfaktoren erschweren können sich auf den Entwicklungsprozess erschwerend auswirken:

- familienstrukturelle Veränderungen: Zunahme der Einkindfamilien, der Einelternfamilien, der Mehrelternfamilien
- Wandel in den Erziehungszielen und im Erziehungsverhalten: liberalere Erziehungshaltungen, Wohlstandsverwöhnung, Übergang von der Autoritäts- zur Verhandlungsfamilie
- steigende Qualifikationsanforderungen in den Berufen und Berufsfeldern
- Veränderung der Wohnumwelten: Verlust an natürlichem Spielraum, Verlagerung der Freizeitaktivitäten von draußen nach drinnen, Passivierung
- Kommerzialisierung der Freizeit: Freizeitparks, Spielsalons, Sportstudios
- Informations- und Reizüberflutung durch die Medien.

Beim Blick auf den Entwicklungskontext fällt vor allem auf, dass die Welt komplizierter, verworrener und hektischer geworden ist. Der Entwicklungspsychologe und Pädagoge Helmut Fend spricht diesbezüglich von einer immer größer werdenden *Problemkomplexität des Aufwachsens*.[117] Darunter ist zu verstehen, dass sowohl die Menge als auch die Schwierigkeit der Entwicklungsaufgaben zugenommen haben. Diese Aufgabensituation erzeugt einen hohen Entwicklungsdruck. Denn wer die Entwicklungsaufgaben schlecht oder gar nicht bewältigt, droht recht früh im Lebenslauf zum Lebensverlierer zu werden. Er kann nicht mehr in jene Entwicklungsnischen ausweichen, die es in traditionalen Gesellschaften für „Entwicklungsschwierige" noch gab.

Unsere Schüler leben in einer von Informationen, neuen Medien und neuen Technologien überfluteten Welt. Das Wissen wächst exponentiell. Seine Halbwertzeit vermindert sich stetig. Im ersten Jahrzehnt des 21. Jahrhunderts wurden mehr Bücher gedruckt als in der Zeit zwischen der Erfindung des Buchdrucks (1440) und dem Jahr 2000. Das Erwachsenwerden in dieser Wissensgesellschaft erfordert viel Intelligenz, Lernmethodik, Lernmotivation, Sinnsuche und Orientierungsarbeit.

---

[117] Fend 2001, 161.

Zum Nachdenken

*Sein Leben lang spielt einer manche Rollen
durch sieben Akte hin: Zuerst das Kind,
das in der Wärtrin Armen greint und sprudelt;
der weinerliche Bube, der mit Bündel
und glattem Morgenantlitz wie die Schnecke
ungern zur Schule kriecht; dann der Verliebte,
der wie ein Ofen seufzt mit Jammerlied
auf seiner Liebsten Brau'n; dann der Soldat
voll toller Flüch' und wie ein Pardel bärtig,
auf Ehre eifersüchtig, schnell zu Händeln,
bis in die Mündung der Kanone suchend
die Seifenblase Ruhm. Und dann der Richter
im runden Bauche, mit Kapaun gestopft,
mit strengem Blick und regelrechtem Bart,
voll abgedroschner Beispiel', weiser Sprüche,
spielt seine Rolle so. Das sechste Alter
macht den besockten hagern Pantalon,
Brill' auf der Nase, Beutel an der Seite,
die jugendliche Hose wohl geschont,
'ne Welt zu weit für die verschrumpften Lenden,
die tiefe Männerstimme, umgewandelt
zum kindischen Diskante, pfeift und quäkt
in seinem Ton. Der letzte Akt, mit dem
die seltsam wechselnde Geschichte schließt,
ist zweite Kindheit, gänzliches Vergessen,
ohn' Augen, ohne Zahn, Geschmack und alles.*
William Shakespeare

5. Plädoyer für ein gerechtes Schülerbild

Diese Jugend ist nicht schlecht, verloren oder ohne Wertvorstellungen. Sie ist auch nicht dumm, konsumabhängig, gewalttätig, mediensüchtig oder zwischenmenschlich emotional verkrüppelt.

Andreas Huber

Das Schülerbild, wie es in zahlreichen Schülerschelten zum Ausdruck kommt, ist pauschal und tendenziös. Mit ein paar wenigen Eigenschaftswörtern werden 12 Millionen Kinder und Jugendliche negativ beurteilt. Dabei wird weder zwischen den einzelnen Schülern differenziert noch wird der einzelne Schüler differenziert betrachtet. Dieser Wahrnehmungsfehler ist vor allem an spontanen Äußerungen im Alltag, an den Botschaften der Medien und an den Kommuniqués gesellschaftlicher Organisationen zu beobachten.

Wer Schüler gerecht wahrnehmen und beurteilen möchte, muss sich objektiverer Daten bedienen. Die Datenbasis ist vorhanden, und sie wird durch die Human- und Sozialwissenschaft ständig erneuert. Die wissenschaftlichen Erkenntnisse über die Meinungen, Einstellungen, Fähigkeiten und Verhaltensweisen unserer Heranwachsenden erzeugen ein anderes Bild. Es ist sicherlich kein Idealbild, aber es ist gerechter und positiver als die öffentlichen Pauschalbilder. Im Folgenden wird der aktuelle Entwicklungsstand aus dem Blickwinkel der Entwicklungspsychologie und der empirischen Sozialforschung differenziert beschrieben.

Das allgemeine intellektuelle Fähigkeitsniveau der Schülerinnen und Schüler ist in den letzten fünfzig Jahren nicht gesunken. Im Gegenteil, die Intelligenzforschung hat nachweisen können, dass sie im Verlauf des 20. Jahrhunderts im Mittel immer höhere IQ-Werte erzielt haben. Einen ersten empirischen Beweis hierfür erbrachte der neuseeländische Wissenschaftler James Robert Flynn, weshalb dieses Phänomen auch als Flynn-Effekt bezeichnet wird.[118] Wir können folglich davon ausgehen, dass die jetzige Schülergeneration kompetent genug ist, Lernstoff zu verstehen, logische

---

[118] Flynn 2012.

Schlüsse zu ziehen und erworbenes Wissen bei der Lösung von Problemen wirksam zu nutzen.

Was die Schulleistungen betrifft, gibt es keinen Anlass mehr für Alarmmeldungen, wie sie nach PISA 2000 durch die Medien gingen. Seit dem PISA-Schock ist bei unseren 5jährigen Schülerinnen und Schüler in ein kontinuierlicher Verbesserungsprozess in Gang gekommen. Sie befinden sich zwar noch nicht auf dem Top-Niveau, liegen aber sowohl über dem OECD- als auch über dem EU-Durchschnitt.[119] Bezüglich der PISA-Studie 2012 lautet das Fazit der wissenschaftlichen Projektleitung: *Die Befunde ... sind aus deutscher Perspektive insgesamt höchst erfreulich. Die Verbesserungen, die seit PISA 2000 in allen Kompetenzbereichen erzielt wurden, können – gerade auch im internationalen Vergleich – als Erfolgsgeschichte betrachtet werden.*[120]

Noch besser sieht das Leistungsniveau der deutschen Grundschüler aus. In der internationalen Grundschul-Lese-Untersuchung IGLU (2011) und in der internationalen Mathematik-Naturwissenschft-Kompetenzstudie TIMMS (2012) erzielten sie gute Ergebnisse, die im oberen Drittel liegen.[121]

Ebenso korrekturbedürftig ist das Bild, das in den Medien über Schwierigkeiten beim Kulturtechnikerwerb vermittelt wird. Dort wird der Eindruck erweckt, als würden sich die Lese-Rechtschreibschäche und die Rechenschwäche massenhaft verbreiten. Legt man strenge wissenschaftliche Kriterien zu Grunde, beträgt der Anteil der gravierend Lese-Rechtschreibschwachen 5%[122] und der Rechenschwachen ebenfalls 5%[123].

Die Klagelieder der Erwachsenen beziehen sich nicht nur auf die Schulleistungen, sondern auch auf die Lernstrategien, die Konzentration und die Lernmotivation. So hört und liest man immer wieder die Behauptung, die Schüler von heute wüssten nicht, wie man richtig lernt. Dass es Schüler gibt, die sich mit dem Erwerb von Lernstrategien schwertun, ist zwar richtig, aber es handelt sich um eine Minderheit. Wie aus PISA-Erhebungen

---

[119] Prenzel u. a. 2013.
[120] Prenzel u. a., Zusammenfassung, 11.
[121] www.bmbf.de/de/6628.php.
[122] www.legasthenietherapie-info.de/legasthenie-praevalenz.html.
[123] www.legasthenietherapie-info.de/dyskalkulie.html.

hervorgeht, weist der Großteil der deutschen Schüler eine gute Lernstrategie-Kompetenz auf. Sie lagen in der dritten PISA-Studie bezüglich des Strategiewissen und der Strategienutzung deutlich über dem OECD-Durchschnitt.[124]

Was die Konzentration betrifft, wird häufig die mangelnde unterrichtliche Aufmerksamkeit bemäkelt. Von diesem Defizit darf allerdings nicht auf das gesamte Konzentrationsvermögen geschlossen werden, sondern es handelt sich um ein auditives Konzentrationsproblem. An dessen Verursachung sind nicht nur die Schüler beteiligt, sondern Lehrpersonen, die frontale Unterrichtsphasen überdehnen beziehungsweise entwicklungstypische Konzentrationsspannen nicht beachten. Was in den Medien ständig unter dem Begriff Aufmerksamkeitsdefizit/-Hyperaktivitätsstörung (ADHS) auftaucht, ist keinesfalls eine massenhaft verbreitete Schwäche. Wenn man strenge kinder- und jugendpsychiatrische Kriterien zugrunde legt, ist davon nur eine kleine Minderheit (3-6%) betroffen.[125]

In der Schülerkritik der Erwachsenen taucht immer wieder der Vorwurf auf, die jetzige Schülergeneration sei erschreckend faul. Dass es Motivationsstörungen gibt und diese häufiger als früher auftreten, ist unbestritten, aber nicht in dem Ausmaß, dass alle Schülerinnen und Schüler Schlaraffianer sind. Wer sich mit Motivationsstörungen befasst, sollte auf eine differenzierende Beschreibung achten, denn sie treten in unterschiedlichen Formen in Erscheinung. Geht man dabei von schulpsychologischen Erkenntnissen und Beobachtungen aus, sind drei typische Erscheinungsformen zu unterscheiden:

- generelle Motivationsstörung
- Schulunlust
- spezielle Lernmotivationsstörung.[126]

Der ersten Kategorie, der generellen Motivationsstörung, lassen sich Kinder und Jugendliche zuordnen, die sowohl in der Schule als auch im Freizeitbereich durch Lustlosigkeit, Interesselosigkeit, Gleichgültigkeit und Stumpf-

---

[124] Artelt u. a. 2010.
[125] www.kjp.ukw.de/fileadmin/uk/kinder_jugendpsychiatrie/Tagungen/
Oehler_ADHS-Tag.pdf.
[126] Keller 2011.

heit auffallen. Diesem Zustand der gravierenden Antriebsschwäche liegen meist ernsthafte physische oder psychische Erkrankungen zugrunde.

Von einer Schulunlust kann gesprochen werden, wenn die Anstrengungsbereitschaft in vielen Fächern und Leistungssituationen unterdurchschnittlich ist. Schüler dieser Erscheinungsform arbeiten im Unterricht wenig mit, vernachlässigen die Hausaufgaben und bereiten sich auf Klassenarbeiten ungenügend oder gar nicht vor. Im Gegensatz dazu führen sie ein aktives Freizeitleben, sind kontaktfreudig und spielmotiviert.

Eine spezielle Lernmotivationsstörung liegt vor, wenn das Anstrengungsproblem nur in einem eng umgrenzten Bereich des Leistungsspektrums auftritt. Zu dieser Kategorie gehören beispielsweise Schüler, die keine Lust auf Sprachen haben, aber im übrigen Fächerbereich normal motiviert sind. Wer im Unterricht nicht aktiv mitmacht, aber ansonsten fleißig arbeitet, ist ebenfalls diesem Störungsbild zuzuordnen. Sowohl schulpsychologische Beratungserfahrungen als auch Jugendstudien widerlegen den Eindruck, dass die jetzige Schülergeneration faul und genussorientiert ist. In der Grundschule ist die Lernmotivation mehrheitlich gut ausgeprägt. Ein Rückgang setzt nach der Klasse 6 ein, wenn die Pubertät beginnt. Allerdings ist er nicht so stark, dass von einer generellen Schulaversion gesprochen werden kann. So geht aus der letzten Shell-Jugendstudie hervor, dass für 83% der Jugendlichen *Fleiß und Ehrgeiz* einen hohen Stellenwert besitzen.[127]

Sehr kulturpessimistisch wird seit Längerem der Rückgang der Lesehäufigkeit und Lesemotivation im Kindes- und Jugendalter kommentiert. Dabei wird zu wenig bedacht, dass dieser Wandel durch die Ausbreitung der Mediengesellschaft wesentlich verursacht worden ist. Die Heranwachsenden kommen wie keine Generation zuvor mit einem völlig veränderten Medienangebot in Kontakt. Neue Medien wie Computer, Internet, Smartphones und Mp3-Player haben das Medienverhalten und die Mediennutzung radikal verändert. Dieser Wandel bedeutet jedoch nicht, dass unsere Schüler exzessiv mediensüchtig sind und digital dement werden. Das krankhaft übersteigerte Verlangen, sich am Computer zu betätigen, an ihm zu spielen oder im Internet zu surfen, trifft nur auf 2,5% der

---

[127] Deutsche Shell 2010, 197.

Schüler zu.[128] Die Mehrheit geht mit den Medien kontrolliert und kompetent um. Sie bewältigen den rasanten medialen Wandel besser als viele Erwachsene.

Es kann auch nicht der Schluss gezogen werden, dass die heutigen Kinder und Jugendlichen psychisch gestörter sind als vergangene Schülergenerationen. Der Anteil der Kinder und Jugendlichen mit einer psychischen Störung beträgt 17, 6%.[129] Am häufigsten kommen Angststörungen und dissoziale Störungen vor. Auffallend dabei ist, dass Jugendliche ihre Probleme eher nach außen ausdrücken, Mädchen hingegen eher nach innen. Die psychische Störrrate der Erwachsenen ist übrigens deutlich höher. Laut dem Gesundheitssurvey (DEGS) des Robert-Koch-Instituts leidet ein Drittel der erwachsenen Deutschen an einer psychischen Störung.[130]

Ebenso unzulässig ist es, die gegenwärtige Schülergeneration als aggressiv und gewalttätig zu bezeichnen. In der medialen Berichterstattung und in der öffentlichen Diskussion herrscht der Eindruck einer kontinuierlichen Gewaltzunahme und einer zunehmenden Brutalisierung vor. Gleichzeitig macht sich die Sorge breit, dass hieraus eine epidemische Gewaltausbreitung entsteht, die eines Tages nicht mehr kontrolliert werden kann. Dafür gibt es zwei wesentliche Ursachen. Zum einen basieren die medialen Aussagen auf dramatisierenden Generalisierungen von Einzelfällen. Zum anderen scheinen manche Medien, insbesondere die Boulevardpresse, Gewalt-Schlagzeilen bewusst zu generieren, um die Neugier und das Kaufinteresse des Publikums zu wecken. Das mediale Bild wird von der empirischen Aggressions- und Gewaltforschung so nicht geteilt. Seit Beginn der 1990er Jahre werden in regelmäßigen Abständen Schülergewaltstudien durchgeführt, in denen auch das Ausmaß der Gewalt erforscht wird.[131] Aus der Fülle der Untersuchungsdaten lassen sich folgende zentralen Erkenntnisse ableiten:

---

[128] www.bzga.de/presse/pressemitteilungen/?nummer=872.
[129] www.bundesaerztekammer.de/downloads/04Praeventionstagung Klasen.pdf.
[130] www.report-psychologie.de/news/artikel/psychische-gesundheit-in-deutschland.
[131] Baier u.a. 2009, Holtappels u.a. 2009, Dollase 2010, Schubarth 2012.

- Der Anteil der besonders gewaltaktiven Schüler beträgt 5-7%, ähnlich groß ist der Anteil von Schülern, die immer wieder in die Opfer-Rolle geraten.
- Mehr als die Hälfte der Gewalttäterinnen und Gewalttäter sind gleichzeitig Opfer und umgekehrt.
- Die meisten Gewaltprobleme gibt es in der Altersgruppe der 12-15-Jährigen beziehungsweise in den Jahrgangsstufen 7-9. Der Kulminationspunkt ist die Jahrgangsstufe 8.
- Schulartspezifisch betrachtet ist die Gewaltbelastung in der Sonderschule am höchsten. Danach folgen die Hauptschule, die Berufsschule und die Realschule. Am geringsten belastet ist das Gymnasium.
- Physische Gewalt ereignet sich in der Sonderschule (Förderschule, Schule für Erziehungshilfe) am häufigsten. Bezüglich der psychischen Gewalt gibt es zwischen den Schularten keine besonderen Unterschiede.
- Nicht nur zwischen den Schularten, sondern auch zwischen den einzelnen Schulen innerhalb einer Schulart variiert das Gewaltausmaß teilweise beträchtlich, was mit der Schulqualität und Schulkultur zusammenhängt.
- Jungen sind aggressiver und gewalttätiger als Mädchen. Besonders signifikant ist der Unterschied im Bereich der physischen Gewalt. Nicht so krass ist er bei der psychischen Gewalt, aber auch hier sind die Jungen auffälliger.
- Schüler mit Leistungsproblemen tendieren eher zur physischen und psychischen Gewalt.
- Der Pausenhof ist jener Ort, an dem Gewalthandlungen am häufigsten vorkommen.
- In Schulen, deren Einzugsgebiet ein sozialer Brennpunkt ist, steigt die Wahrscheinlichkeit von Schülergewalt.
- Schüler mit Migrationshintergrund sind dann gewaltbelasteter, wenn ihre Integration misslungen ist.
- Schulische Gewalttäter fallen großenteils auch außerhalb der Schulen durch antisoziales Verhalten auf.

Die Hypothese einer signifikanten quantitativen Zunahme der Gewalt an Schulen kann nicht bestätigt werden. Dies lässt sich auch aus der Statistik der von den Unfallkassen jährlich ermittelten schulischen Raufunfälle ersehen (www.dguv.de). Demnach erleidet lediglich einer von hundert Schülern pro Jahr einen Raufunfall. Die Anzahl der Raufunfälle ist seit Ende der neunziger Jahre deutlich zurückgegangen.

Die überwiegende Mehrheit der Schülerinnen und Schüler (Tenor der Jugendstudien) bejaht das soziale Regelwerk der Schule, aber die Normen sind nicht mehr so fest verankert und das Normverhalten ist stärker abhängig von Normverdeutlichungen, Grenzziehungen und Kontrakten. Dies ist vor allem darauf zurückzuführen, dass die Familie von heute keine Autoritätsfamilie mehr ist, sondern eine Verhandlungsfamilie. Die Kinder und Jugendlichen befinden sich in ständigen Verhaltensverhandlungen und übertragen dieses Muster auf die Schule.

Aus den aktuellen Entwicklungsdaten kann nicht der Schluss gezogen werden, dass die Kinder und Jugendlichen in breitem Maße problembelastet sind. Die große Mehrheit bewältigt die zentralen Entwicklungsaufgaben in einem schwierigen Entwicklungskontext relativ gut. Verharmlost werden dürfen die Daten allerdings auch nicht. Eine Minderheit der Kinder und Jugendlichen befindet sich tatsächlich in akuten Entwicklungsschwierigkeiten.

Zum Nachdenken

Vier Blinde wollten wissen, was ein Elefant sei. Also führte man sie zu einem. Der eine Blinde bekam den Rüssel des Elefanten in die Hände. Er meinte, der Elefant sei so ähnlich wie eine Wasserpfeife. Der zweite ertastete ein Ohr und widersprach: "Nein, ein Elefant ist so ähnlich wie ein Fächer." Der dritte erwischte ein Bein und bemerkte: "Auch das stimmt nicht, ein Elefant ist so ähnlich wie eine Säule." Der vierte schließlich hatte seine Hände auf den Rücken des Elefanten gelegt und meinte: "Ihr habt alle Unrecht. Ein Elefant ist so ähnlich wie ein Thron." Keiner von ihnen kannte die ganze Wahrheit, sondern nur einen Teil davon. Und doch war jeder überzeugt, dass er allein Recht hatte.

Eine Sufi-Geschichte

6. Schlussbetrachtung

Die Welt ist nicht schlechter geworden. Nur die Nachrichtendienste wurden besser.
Verfasser unbekannt

Kein Mensch, der über die Vergangenheit genau Bescheid weiß, wird die Gegenwart düster oder verzagt sehen.
Thomas Babington Macaulay

Ich kenne kein Volk, das so unsicher ist und so unzufrieden mit sich selbst wie die Deutschen.
Asfa-Wossen Asserate

Seit dem Beginn der Schulgeschichte stehen Schülerinnen und Schüler in der Kritik der Erwachsenen. Permanent beanstandet werden die Lernmotivation, die Schulleistungen und das Sozialverhalten. Dass der Ist-Zustand der Heranwachsenden vom Soll-Zustand der Erwachsenen abweicht, ist nicht nur hierzulande der Fall. Überall, wo sich Kinder auf dem Entwicklungsweg in Richtung Erwachsenenalter befinden, gibt es Probleme und Defizite. Dies kann auch nicht anders sein, da Kinder nicht perfekt sind.

Dass Erwachsene ihre Zielvorstellungen immer wieder mit dem gegenwärtigen Entwicklungsstand der Kinder vergleichen, ist wichtig und für die Entwicklungsförderung notwendig. Entdecken sie dabei negative Abweichungen, ist es legitim, wenn diese den Heranwachsenden zurückgespiegelt werden. Mir fällt allerdings beim internationalen Vergleich zunehmend auf, dass in Deutschland mit Problemen anders umgegangen wird. Sie werden negativer wahrgenommen, sie rufen heftigere Emotionen hervor und sie werden in besonderem Maße überzeichnet. Dies ist sowohl in der privaten als auch in der öffentlichen Kommunikation der Fall. Hauptursache hierfür ist ein Perfektionismus, der in der deutschen Kollektivpsyche tief verwurzelt ist. Er ist geprägt durch hohe Ansprüche und Standards. Möglicherweise wird hier ein gestörtes Selbstwertgefühl kompensiert. Dieser Perfektionismus beeinflusst auch in starkem Maße die Art und

Weise, wie unsere Schüler in der Öffentlichkeit und in den Medien wahrgenommen und beurteilt werden. Aufgrund des defizitorientierten Schülerbildes entsteht in vielen Köpfen die Vorstellung, dass ein massenhafter Leistungs- und Verhaltenszerfall im Gange ist, der über kurz oder lang den Kultur- und Wirtschaftstandort Deutschland zerstört. Je mehr sich dieses Bild in der Kollektivpsyche breit macht, desto mehr wird die kollektive Energie, die für das Lösen unserer gesellschaftlichen Probleme vonnöten ist, blockiert. Außerdem führt diese ständig transportierte Botschaft bei unseren Kindern und Jugendlichen zu einem negativen Selbstbild von den eigenen Fähigkeiten. Das ist, wie wenn man einem Problemschüler immer wieder einredet, dass er ein dummer Versager ist. Am Ende glaubt er dies und wird im Sinne einer sich selbst erfüllenden Prophezeiung nur noch schlechte Noten schreiben.

Wer über die Schwierigkeiten von Kindern und Jugendlichen schreibt und spricht, hat eine psychohygienische Verantwortung. Dies heißt nicht, dass er Probleme ausblendet und Kritik vermeidet. Aber er sollte darauf achten, Gefahren nicht mit Katastrophen zu verwechseln. Er darf wachrütteln, aber nicht Panik erzeugen. Und er muss das Problem lösungsorientiert angehen. Letzteres heißt, darüber nachdenken, wie die aktuellen Leistungs- und Verhaltensprobleme bewältigt oder gar verhindert werden können.

Ich bin nicht der Auffassung, dass wir im Vergleich zu anderen Ländern die schlechteren Schülerinnen und Schüler haben. Mein Eindruck ist eher, dass wir Erwachsene das Problem wesentlich mitproduzieren. Unsere Wahrnehmung ist zu selektiv auf das Negative ausgerichtet, unsere Rückmeldungen sind eher destruktiv als konstruktiv und unsere Änderungsbemühungen sind zu wenig konsensuell und lösungsorientiert. Letzteres ist daran zu erkennen, dass in Problemsituationen zu sehr gestritten wird, statt gemeinsam zu handeln, und zu sehr Schuld zugewiesen wird, statt Lösungen zu konstruieren. Diese Diagnose trifft auf Eltern, Lehrer und Bildungspolitiker gleichermaßen zu.

Der geschilderte Zustand wird sich erst bessern, wenn wir Kinder und Jugendliche gerechter wahrnehmen und mit ihren Problemen anders umgehen. Die andere Problembehandlung kann letztlich nur darin bestehen, dass wir die seelische Energie, die wir lamentierend vergeuden, positiv nutzen und umsetzen. Zum einen bedeutet dies, die pädagogische Arbeit in

Familie und Schule deutlich zu verbessern. Zum anderen heißt dies für die Gesellschaft und für die politisch Verantwortlichen, Bildung und Erziehung ernster zu nehmen und wirksamer als bisher zu unterstützen. Beide Ziele sind nur erreichbar in vielen geduldigen, kleinen Schritten.

Zum Nachdenken

Vor langer Zeit entschloss sich die Tierwelt einen entscheidenden und mutigen Schritt zu tun, um den Herausforderungen der neuen Zeit zu begegnen. Deshalb wurde beschlossen, eine Schule zu gründen. Es wurde ein Lehrplan aufgestellt, der die Fächer Rennen, Klettern, Schwimmen. und Fliegen enthielt. Um die Anwendung des Lehrplans möglichst einfach zu halten, sollten alle Tiere beim Unterricht in allen Fächern teilnehmen.

Die Ente war hervorragend in Schwimmen, tatsächlich sogar besser als ihr Lehrer. Allerdings zeigte sie nur eben befriedigende Leistungen in Fliegen und war sehr schwach in Rennen. Da sie nur sehr langsam rennen konnte, musste sie den Schwimmunterricht auslassen und nachsitzen, um Rennen zu üben. Dies wurde so lange beibehalten, bis ihre Schwimmfüße ziemlich zerschlissen waren und sie damit nur noch mäßig schwimmen konnte. Mittelmäßige Leistungen wurden aber durchaus akzeptiert, so dass sich darüber niemand aufregte, nur die Ente selbst.

Das Kaninchen war zunächst Klassenbester in Rennen, bekam aber bald einen Nervenzusammenbruch wegen des vielen Nachhilfeunterrichts in Schwimmen.

Das Eichhörnchen war herausragend in Klettern, wurde aber im Fach Fliegen schnell ausgesprochen demotiviert, da der Lehrer verlangte, dabei vom Boden aus zu starten und nicht vom Baumwipfel. Durch Überanstrengung bekam es schließlich Muskelkater und erreichte in Klettern nur noch die Note befriedigend und in Rennen ausreichend.

Der Adler war ein Problemkind und musste ernsthaft ermahnt und auch bestraft werden. Im Klettern bis zum Baumwipfel war er der Schnellste, ließ sich aber nicht davon abbringen, es so zu machen, wie er es wollte.

Am Ende des Schuljahres hatte ein etwas ungewöhnlicher Aal die beste Durchschnittsnote und durfte die Rede beim Abschiedsfest halten.

Die Wüstenhunde behielten ihr Kind zu Hause und verweigerten die Zahlung von Schulgeld, da die Schulverwaltung nicht bereit war, die Fächer Wühlen und Graben in den Lehrplan aufzunehmen. Stattdessen schickten sie ihr Kind zu einem Dachs in die Lehre und gründeten später zusammen mit den Murmeltieren und Erdhörnchen eine freie Privatschule.

Aus den Fundamentals of Neuropsychology

7. Literaturverzeichnis

A

Adick, C.: Forschung zur Universalisierung von Schule. In: Helsper, W./ Böhme, J. (Hrsg.): Handbuch der Schulforschung. Wiesbaden 2004.

Alt, R.: Bilderatlas zur Schul- und Erziehungsgeschichte. Band 1 und 2. Berlin 1960 und 1965.

Alt, R.: Kinderausbeutung und Fabrikschulen in der Frühzeit des industriellen Kapitalismus. Leipzig 1958.

Aries, P.: Geschichte der Kindheit. München 1984.

Aries, P./Duby, G. (Hrsg.): Geschichte des privaten Lebens. Band 1 bis 5. Frankfurt am Main 1995.

Arlt, F./Beelitz, A.: Führungskräfte der Wirtschaft äußern sich zu Lehr- und Lernzielen der Hauptschule. Ergebnisse und Kommentierung einer Befragung. Hannover 1970.

Artelt, C./Naumann, J./Schneider, W.: Lesemotivation und Lernstrategien. In: Klieme, E./Artelt, C./Hartig, J./Jude, N./Köller, O./Prenzel, M./ Schneider, W./Stanat, P. (Hrsg.): PISA 2009. Bilanz nach einem Jahrzehnt. Münster 2010.

B

Baier, D./Pfeiffer, Ch./Simonson, J./Rabold, S.: Jugendliche in Deutschland als Opfer und Täter von Gewalt. Kriminologisches Forschungsinstitut Niedersachsen e. V. Hannover 2009.

Ballauf, F.: Pädagogik. Eine Geschichte der Bildung und Erziehung. Band 1 und 2. Freiburg und München 1969.

Böhnisch, L.: Pädagogische Soziologie. Eine Einführung. Weinheim und München 1996.

Brunner, Z.A.: Ist die Kindheit wirklich verschwunden? Regensburg 2001.

Brunner, H.: Altägyptische Erziehung. Wiesbaden 1991 (2. Aufl.).

Brunner-Traut, E.: Die alten Ägypter. Stuttgart 1974.

Bueb, B.: Lob der Disziplin. Eine Streitschrift. Berlin 2006.

D

Der Landschullehrer. Band 1 bis 3. Ulm 1798-1800.

Deutsche Shell (Hrsg.): Jugend 2010. 16. Shell Jugendstudie. Frankfurt 2010.

Deutsches PISA-Konsortium (Hrsg.): PISA 2000. Basiskompetenzen von Schülerinnen und Schülern im internationalen Vergleich. Opladen 2001.

Deutscher Bundestag. Bericht über die Lage der Psychiatrie in der Bundesrepublik Deutschland. Zur psychiatrischen Versorgung der Bevölkerung. Drucksache 7/4200. Bonn 1975.

Döbler, H.: Schrift, Buch, Wissenschaft. München 1978.

Dollase, R.: Gewalt in der Schule. Stuttgart 2010.

Doyle, W.: Are students behaving worse than they used to behave? Journal of Research and Development in Education, 2(4), 1978, 3-16.

Dreher, E./Dreher, M.: Entwicklungsaufgaben im Jugendalter: Bedeutsamkeit und Bewältigungskonzepte. In: Liepmann, D./Stiksrud, A. (Hrsg.): Entwicklungsaufgaben und Bewältigungsprobleme in der Adoleszenz. Göttingen 1985.

Durant, W./Durant, A.: Kulturgeschichte der Menschheit. Band 1 bis 18. Köln 1985.

E

Eisele, P.: Babylon. Pforte der Götter und große Hure. München 1980.

Epiktet: Handbüchlein der Moral und Unterredungen. Stuttgart 1978.

Erman, A.: Die Literatur der Ägypter. Leipzig 1923a.

Erman, A.: Ägypten und ägyptisches Leben im Altertum. Tübingen 1923b.

Erziehung und Unterricht im Mittelalter. Besorgt von Eugen Schoelen. Paderborn 1965.

F

Fend, H.: Entwicklungspsychologie des Jugendalters. Opladen: Leske und Budrich 2001 (2. Aufl.).

Fölling-Albers, M.: Schulinder heute. Auswirkungen veränderter Kindheit auf Unterricht und Schulleben. Weinheim und Basel 1992.

Flynn, J.R.: Are we getting smarter? Rising IQ in the Twenty-First Century. Cambridge 2012.

G

Gesner, M.: Die Glückseligkeit eines Schulmannes. In: Taschenbuch für teutsche Schulmeister auf das Jahr 1794, S. 229-356.

Gretzschel, M./ Kossak, E.: Dresden – Spaziergänge. Hamburg 1992.

Grob, A./Jaschinski, U.: Erwachsen werden. Entwicklungspsychologie des Jugendalters. Weinheim und Basel 2003.

H

Hardach-Pinke, I./Hardach, G. (Hrsg.):Kinderalltag. Deutsche Kindheit in Selbstzeugnissen 1700-1900. Reinbek bei Hamburg 1981.

Havighurst, R.J.: Developmental tasks and education. New York 1972.

Heldmann, W.: Studierfähigkeit. Göttingen 1984.

Hentig, H. v.: Vorwort in: Aries, P.: Geschichte der Kindheit. München 1984

Hofstätter, P.: Individuum und Gesellschaft. Frankfurt, Berlin und Wien 1972.

Holtappels, H.G./Heitmeyer, W./Melzer, W./Tillmann, K.-J. (Hrsg.): Forschung über Gewalt an Schulen. Erscheinungsformen und Ursachen, Konzepte und Prävention. Weinheim und München 2009 (5. Aufl.).

Hornstein, W.: Jugend in ihrer Zeit. Hamburg 1966.

Huber, A.: Die Lebensweisheit der 15-Jährigen. Warum unsere Jugend besser ist als ihr Ruf. München 2003.

I

Ingenkamp, K.H.: Zur Diskussion über die Leistungen unserer Berufs- und Studienanfänger. Zeitschrift für Pädagogik, 32, 1986, 1-29.

J

Jannan, M: Das Anti-Mobbing-Buch. Gewalt an der Schule – vorbeugen, erkennen, handeln. Weinheim und Basel 2008.

Johansen, E.M.: Betrogene Kinder. Eine Sozialgeschichte der Kindheit. Frankfurt am Main 1978.

Jursa, M.: Die Babylonier. Geschichte, Gesellschaft, Kultur. München 2004.

K

Keller, G.: Ich will nicht lernen! Motivationsförderung in Elternhaus und Schule. Bern 2011 (4. Aufl.).

Klieme, E./Artelt, C./Hartig, J./Jude, N./Köller, O./Prenzel, M./Schneider, W./Stanat, P. (Hrsg.): PISA 2009. Bilanz nach einem Jahrzehnt. Münster 2010.

Kohlberg, L.: Die Psychologie der Moralentwicklung. Frankfurt am Main: Suhrkamp 1996.

Konegen-Greiner, C.: Studierfähigkeit und Hochschulzugang. Kölner Texte und Thesen Nr. 61. Köln 2002.

Korte, J.: Faustrecht auf dem Schulhof. Über den Umgang mit aggressivem Verhalten in der Schule. Weinheim und Basel: Beltz 1992.

L

Lang, G.: Geschichte der württembergischen Klosterschulen von ihrer Stiftung bis zu ihrer Verwandlung in evangelisch-theologische Seminare. Stuttgart 1938.

Leschinsky, A.: Volksschule zwischen Ausbau und Auszehrung. Schwierigkeiten bei der Steuerung der Schulentwicklung seit den zwanziger Jahren. Vierteljahreshefte für Zeitgeschichte, 30, 1982, 27-81.

Levi, G./Schmitt, J.C. (Hrsg.): Geschichte der Jugend. Band I. Von der Antike bis zum Absolutismus. Frankfurt am Main 1996.

Levi, G./Schmitt, J.C. (Hrsg.): Geschichte der Jugend. Band II. Von der Aufklärung bis zur Gegenwart. Frankfurt am Main 1997.

Lin Yutang: Konfuzius. Frankfurt 1957.

M

Marrou, H.I.: Geschichte der Erziehung im klassischen Altertum. Freiburg 1957.

Martial: Epigrammata. München 1986.

Mause, L. de (Hrsg.): Hört ihr die Kinder weinen. Eine psychogenetische Geschichte der Kindheit. Frankfurt am Main 1980.

Menzel, W.: Wie ist es um die Rechtschreibfähigkeit unserer Schüler bestellt? Lehren und Lernen, 3/1985, S. 32-35.

Mierke, K.F.: Konzentrationsfähigkeit und Konzentrationsschwäche. Bern 1957.

Mookerji, R.K.: Ancient Indian education. London 1951.

Müller, H.: Ist die Erziehung unserer Kinder heute schwieriger als früher? Praxis der Kinderpsychologie und Kinderpsychiatrie, 3, 1954, S. 162-166.

N

Neysters, P.: Eltern und Jugendliche im Gespräch. Würzburg 1979.

Nonn, U.: Mönche, Schreiber und Gelehrte. Bildung und Wissenschaft im Mittelalter. Darmstadt 2012.

O

Oberhuber, K.: Die Kultur des alten Orients. Frankfurt am Main 1972.

Oelkers, J./Prior, H.: Soziales Lernen in der Schule. Königstein 1982.

Overhoff, J.: „... aber mit Lust!" Das Lernen als Kinderspiel: Wäre man Johann Bernhard Basedows Reformpädagogik treu geblieben, hätte

Deutschland in der Pisa- und Iglu-Studie wahrscheinlich besser abgeschnitten. DIE ZEIT, Nr. 16, 10. April 2003.

O

Magazinbeitrag. Die meisten Eltern kennen die Lehrer ihrer Kinder nicht. Pädagogik Nr.2, 2004.

P

Parrot, A.: Mari. München 1953.

Paulsen, F.: Geschichte des gelehrten Unterrichts auf den deutschen Schulen und Universitäten vom Ausgang des Mittelalters bis zur Gegenwart. Erster Band. Leipzig 1919.

Paulsen, F.: Geschichte des gelehrten Unterrichts auf den deutschen Schulen und Universitäten vom Ausgang des Mittelalters bis zur Gegenwart. Zweiter Band. Berlin und Leipzig 1921.

Petron: Satyricon. Stuttgart 1968.

PISA-Konsortium Deutschland (Hrsg.): PISA 2003. Der Bildungsstand der Jugendlichen in Deutschland – Ergebnisse des zweiten internationalen Vergleichs. Münster 2004.

PISA-Konsortium Deutschland (Hrsg.): PISA 2006. Die Ergebnisse der dritten internationalen Vergleichsstudie. Münster 2007.

Prenzel, M./Sälzer, C./Klieme, E./Köller, O. (Hrsg.): PISA 2012. Fortschritte und Herausforderungen in Deutschland. Münster 2013.

Prenzel, M./Sälzer, C./Klieme, E./Köller, O. (Hrsg.): PISA 2012. Fortschritte und Herausforderungen in Deutschland. Zusammenfassung. www.pisa.tum.de/fileadmin/w00bgi/www/Berichtband_und_Zusammenfassung_2012/PISA_Zusammenfassung_online.pdf (November 2013).

Prinz von Hohenzollern, J.G./Liedtke, M. (Hrsg.): Schreiber, Magister, Lehrer. Zur Geschichte und Funktion eines Berufsstandes. Bad Heilbrunn 1989.

Puntsch, E.: Zitatenhandbuch. e-Lexikon. München 2001.

R

Rach, A.: Sachwörter zu deutschen Erziehungsgeschichte. Weinheim und Berlin 1964.

Raumer, K. von: Geschichte der Pädagogik vom Wiederaufblühen klassischer Studien bis auf unsere Zeit. Zweiter Teil. Gütersloh 1889.

Rauscher, D.: Württembergische Visitationsakten. Stuttgart 1932.

Reicke, E.: Lehrer und Unterrichtswesen in der deutschen Vergangenheit. Leipzig 1901.

Richter, W.: Aus dem Tagebuch des Paderborner Studienpräfekten P.H. Rexing 1665-1667. Ein Beitrag zur Schuldisziplin des 17. Jahrhunderts. Mitteilungen der Gesellschaft für deutsche Erziehungs- und Schulgeschichte 4, 1894.

Ricking, H.: Schulabsentismus als Forschungsgegenstand. Oldenburg 2003.

Ritter, G./Kocka, J. (Hrsg.): Deutsche Sozialgeschichte. Dokumente und Skizzen (1870-1914). Band 2. München 1974.

Ross, J.B.: Das Bürgerkind in den italienischen Stadtschulen zwischen dem vierzehnten und frühen sechzehnten Jahrhundert. In: Mause, L. de: (Hrsg.): Hört ihr die Kinder weinen. Eine psychogenetische Geschichte der Kindheit. Frankfurt 1980.

Rutschky, K. (Hrsg.): Deutsche Schul-Chronik. Lernen und Erziehen in vier Jahrhunderten. München 1991.

Rutschky, K. von (Hrsg.): Schwarze Pädagogik. Quellen zur Naturgeschichte der bürgerlichen Erziehung. München 2001 (8. Aufl.).

S

Saggs, H.W.F.: Mesopotamien. Zürich 1966.

Sassenscheidt, H.: Sind Kinder heute unruhiger? Zeitschrift Pädagogik, 40, Heft 12, 1988, 12-15.

Schiffler, H./Winkeler, R. : Tausend Jahre Schule. Eine Kulturgeschichte des Lernens in Bildern. Stuttgart und Zürich 1985.

Schmökel, H.: Ur, Assur und Babylon. Stuttgart 1955.

Schneider, W./Lindenberger, U. (Hrsg.): Entwicklungspsychologie. Weinheim und Basel 2012.

Schoelen, E.: Erziehung und Unterricht im Mittelalter. Paderborn 1965.

Schubarth, W.: Gewalt und Mobbing an Schulen. Möglichkeiten der Prävention und Intervention. Stuttgart 2012 (2. Aufl.).

Specht, F.A.: Geschichte des Unterrichtswesens in Deutschland von den ältesten Zeiten bis zur Mitte des dreizehnten Jahrhunderts. München 1885.

Spreiter, M.: Die Gewalt macht Schule. Psychologie heute Nr. 2, 1993, 58-63.

Steinhausen, C.: Das konzentrationsgestörte und hyperaktive Kind. Stuttgart 1982.

T

Taschenbuch für teutsche Schulmeister auf das Jahr 1794. Ulm 1786-1797.

Thalmann, H.C.: Verhaltensstörungen bei Kindern im Grundschulalter. Stuttgart 1971.

W

Waetzold, H.: Der Schreiber als Lehrer in Mesopotamien. In: Prinz von Hohenzollern, J.G./Liedtke, M. (Hrsg.): Schreiber, Magister, Lehrer. Zur Geschichte und Funktion eines Berufsstandes. Bad Heilbrunn 1989.

Weeber, K.H.: Alltag im alten Rom. Zürich 1995.

Weimer, H./Schöler, W.: Geschichte der Pädagogik. Berlin und New York 1976 (18. Aufl.).

Winzer, F. (Hrsg.): Kulturgeschichte Europas. Von der Antike bis zur Gegenwart. Köln o. J.

Wörterbuch der Antike. Stuttgart 1966 (7. Aufl.).

Wreczynski, W.: Atlas zur ägyptischen Kulturgeschichte. Leipzig 1923.

Wunsch, A.: Abschied von der Spaßpädagogik. Für einen Kurswechsel in der Erziehung. München 2003.

Württembergische Kommission für Landesgeschichte (Hrsg.): Geschichte des humanistischen Schulwesens in Württemberg. Zweiter Band. Erster Halbband. Stuttgart 1920.

Württembergische Kommission für Landesgeschichte (Hrsg.): Geschichte des humanistischen Schulwesens in Württemberg. Dritter Band. Zweiter Halbband. Erster Teil. Stuttgart 1928.

Z

Zander, T.: 911527 Stockschläge in 52 Jahren. Südwestpresse, Nr. 206, 6.9.2003.

8. Abbildungsverzeichnis

Im sumerischen Tafelhaus
http://www.jaars.org/museum/alphabet/galleries/mesopotamian.htm

Babylonische Schreibtafel
http://images.google.de/imgres?imgurl=www.beloit.edu/~museum/wright/col
lections/classicalmed/images/babylon2.jpg&imgrefurl=http://www.beloit.edu
/~museum/wright/collections/classicalmed/classics2.htm&h=225&w=300&p
rev=/images%3Fq%3D%2522cuneiform%2522%2Bbabylon%26svnum%3
D10%26hl%3Dde%26lr%3D%26ie%3DUTF-8%26oe%3DUTF-8

Auszug aus einem altägyptischen Lehrbuch
http://www.cartage.org.lb/en/themes/GeogHist/histories/Oldcivilization/Egyp
tology/LifeAncient/lifeinEgypt7.htm

Buddha in der Schule
www.atributetohinduism.com/ Education_in_Ancient_India.htm

Altgriechische Schulszene
http://library.thinkquest.org/J002606/AncientGreece.html

Römisches Schulrelief
http://www.landesmuseum-trier.de/rlm_rundgang/exponate/neumasch.htm

Mittelalterliche Schule
www.kath.de/.../bistum-neu/ bildung/bildung-start.html

Winkelschule im 16. Jahrhundert
www.wissen.swr.de/sf/begleit/ bg0007/bg_ag07d.htm

Dorfschule im 19. Jahrhundert
www.schulmuseum.handshake.de/ schul100.htm

In der Computerschule
http://www.wurmberg.de/UserFiles/image/2%282%29.jpg

Centaurus Buchtipp

Gustav Keller

Die Lehrerschelte

Leidensgeschichte einer Profession

Reihe Pädagogik, Band 48
2013, 110 S., br.,
ISBN 978-3-86226-234-2, **€ 18,80**

Wie kaum eine andere Profession sind Lehrer Zielscheibe öffentlicher Kränkungen. Dass sie für die schwierige Arbeit nicht die verdiente Wertschätzung erfahren, rührt an ihr Selbstwertgefühl. Dem Phänomen der Lehrerschelte wird zunächst historisch auf den Grund gegangen. Die Recherchen beginnen in der Frühphase der 5000jährigen Schulgeschichte, setzen sich in den Folgeepochen der Schulgeschichte fort und enden in der Gegenwart. Aufbauend darauf werden die Ursachen der öffentlichen Geringschätzung und die psychischen Folgen analysiert. Schließlich wird aufgezeigt, welche Konsequenzen sich für die Lehrerprofession, für die Medien sowie für die Politik ergeben, damit die Lehrerschaft das notwendige Maß an Anerkennung erfährt.

Dieses Buch soll die Wahrnehmungsorgane vieler Nichtlehrer von Stereotypen und Vorurteilen säubern helfen und das Verständnis für die schwierige Arbeit in Schule und Unterricht fördern.

„Ein interessantes Buch mit vielen diskussionswürdigen Ansatzpunkten."
Arthur Thömmes, auf lehrerbibliothek.de.

www.centaurus-verlag.de

Centaurus Buchtipps

Reinhold Miller
Frei von Erziehung, reich an Beziehung
Plädoyer für ein neues Miteinander
Reihe Pädagogik, Bd. 49, 2013, 200 S.,
ISBN 978-3-86226-238-0, € **19,80**

„In seinem Buch artikuliert Reinhold Miller einen Wunsch: 'Dass viele Menschen sich vom Erziehen verabschieden; dass sie ihre eigenen Erfahrungen als Maßstab für ihr Leben betrachten; und dass sie ihre Beziehungen intensiv, vital und mündig verwirklichen können.' Sein Buch bietet den besten Leitfaden dazu."
oé, in: Rhein-Neckar-Zeitung vom 23.07.2013, S. 5.

Lars Bruhn, Jürgen Homann (Hrsg.)
UniVision 2020
Perspektiven für eine barriere- und diskriminierungsfreie Hochschule
Reihe Pädagogik, Bd. 51, 2014, 266 S.,
ISBN 978-3-86226-235-9, € **23,80**

Werner Haisch, Hermann Kolbe (Hrsg.)
Gestaltung der Lebens- und Arbeitsqualität in sozialen Diensten
Planung und Organisation
Reihe Pädagogik, Bd. 47, 2013, 425 S.,
ISBN 978-3-86226-223-6, € **25,80**

Burkhard Bierhoff
Kritisch-Humanistische Erziehung
Pädagogik nach Erich Fromm
Centaurus Paper Apps XL, Bd. 28, 2013, 100 S.,
ISBN 978-3-86226-186-4, € **8,80**

Jens Benicke
Autorität & Charakter
Centaurus Paper Apps, Bd. 20, 2012, 54 S.,
ISBN 978-3-86226-167-3, € **5,80**

„Benicke verweist darauf, dass mit dieser Theorie viel zur Erklärung rechtsextremistischer Einstellungen beigetragen werden könne."
Redaktion, in: Portal für Politikwissenschaft, veröffentlicht am 20.09.2012

Heiner Keupp
Freiheit & Selbstbestimmung
In Lernprozessen ermöglichen
Centaurus Paper Apps, Bd. 15, 2012, 55 S.,
ISBN 978-3-86226-130-7, € **5,80**

„Wer sich 'leicht verständlich, aber wissenschaftlich fundiert' über 'Eigensinn' bzw. psychische Gesundheit informieren lassen mag, bekommt einen Einblick aus der Sicht des Autors."
Jörg Schlömerkemper, in: Pädagogik 2/13, S. 53.

Informationen und weitere Titel unter **www.centaurus-verlag.de**

MIX
Papier aus verantwortungsvollen Quellen
Paper from responsible sources
FSC® C105338

If you have any concerns about our products,
you can contact us on
ProductSafety@springernature.com

In case Publisher is established outside the EU,
the EU authorized representative is:
**Springer Nature Customer Service Center GmbH
Europaplatz 3, 69115 Heidelberg, Germany**

Printed by Libri Plureos GmbH
in Hamburg, Germany